U0050192

讓孩子
受用終身的
理財必修課

金 仙◎著　彭翊鈞◎譯

開始執行計畫，
讓我們的孩子成為有錢人

　　身為國小老師的我，每學期都會在學校和學生家長們進行家長會諮商。任職以來，如果算入這些定期的諮商次數，我總共諮商了超過一千次以上，也碰過超過五百位的學生家長。可能有讀者已經察覺到，我一直以來被問過多少問題。

　　大部分的問題都跟孩子的人際關係和學業有關，偶爾也會有父母小心翼翼地問我孩子的個人生活。令我驚訝的是，沒有人問過我關於孩子「金錢觀」的問題。譬如「老師會給孩子多少零用錢呢？」這種問題，幾乎沒有聽過。

　　的確，雖然已經改變很多，不過社會風氣還是讓許多人在談到錢的時候會感到卻步。

　　從這個角度來看，我也能理解家長詢問班級導師關於錢的事情時有多尷尬。

然而在我撰寫這本書的當下，許多以錢為題材的其他書籍在暢銷榜上都名列前茅。特別《金錢的祕密》*、《財富是這樣養成的》*這兩本書表現相當亮眼。光看這些例子，就能發現大家潛意識裡多渴望獲得財富，反過來說也能看出大家多擔心錢的問題。

自二〇二〇年開始，我們因為前所未聞的新冠病毒（COVID-19）經歷了意想不到的狀況與危機。尤其是有小孩的家庭，更出現不少煩惱。孩子不能去學校、待在家裡的時間變長後，生活費也大幅增加了許多。聽說，有的人光是家裡的伙食費和零食費就增加了兩三倍。

另一方面，家長也擔心孩子的學業。能到學校和老師見面的時間明顯減少，這情況下也讓很多家長苦惱：「孩子再這樣下去，回學校後會不會落後同學？」於是想讓孩子再多寫一張評量測驗、考慮把孩子送到防疫措施更徹底的補習班……。本來照顧小孩就比過去更累人了，萬一再聽到隔壁家的人說他們投資股票、房地產賺了一大筆錢的話，心情就會像是泡了水的棉花一樣沉重。

---

*譯註 1：原書名為《돈의 속성（錢的屬性）》，中文版為《金錢的祕密：對待金錢的方式，決定你是不是有錢人》（三采出版）。

*譯註 2：原書名為《존리의 부자되기 습관（John Lee 成為有錢人的習慣）》，中文版為《財富是這樣養成的：韓國暢銷 No.1 財經書!讓錢為你工作，邁向財富自由》（遠流出版）。

看著新聞不斷報導首爾房地產價格平均上漲了幾億韓圜（1 億韓圜約台幣 256 萬元）、股市又翻紅了幾倍。有些人一聽到「房地產」這個字，心裡就出於相對的剝奪感而覺得無所適從。即使如此還是得藏起自己的沉重與不安，安慰孩子：「你什麼都不用擔心，好好讀書就行了！」

這時候，我們試著對自己誠實一點如何？

過去只是努力讀書的各位，現在已經解決錢的問題、擁有快樂的生活嗎？

長期投身於教育現場，我深切感受到金融知識和資訊的落差會對孩子們的未來造成多麼龐大的差距，就是貧富差距。這是件令人傷心的事。有個孩子告訴我：「老師，我用壓歲錢的 5 萬韓圜（約台幣 1300 元）儲值了遊戲。」同一天，另一個孩子說：「我用壓歲錢買了股票，還跟媽媽一起去參加了三星的股東大會。」現在這 5 萬韓圜的差距，到他們長大成人後會不會發展成超過 5 千萬韓圜（約台幣 130 萬元）的差距呢？這就是我為什麼下定決心要盡快讓孩子們接觸到經濟教育的原因。

或許有人會覺得，反正孩子長大自然就會懂了，何必在學校裡教這些？

這不好說。在我們隱藏這些金錢話題的期間，孩子們可能就對錢產生了扭曲的幻想。現在的孩子們非常輕易就能看

到許多知名 YouTuber 收入是數百億韓圜（100 億約台幣 2 億 5600 萬元）、或是利用非法影片獲利數十億韓圜（10 億約台幣 2560 萬元）等等的例子，讓他們覺得自己收到的幾萬韓圜（1 萬約台幣 256 元）壓歲錢不值一提。

我實際處理校園霸凌案件的時候，也看過好幾位孩子拿到了比其他同學多更多的零用錢，卻用錯了地方而發生令人惋惜的事。我經歷這些問題後也考取了校園霸凌預防輔導師的證照，然而我認為最終還是要回到本質上的關鍵問題，就是「孩子的經濟教育」。我們沒有好好地讓孩子接受「金錢教育」，這會像是過去我們一直迴避不做性教育一樣衍生出嚴重的問題。

如同前美國聯準會主席葛林斯潘（Alan Greenspan）所說的：「文盲雖然會讓生活不便，金融文盲卻會讓人無法生存。」現在孩子們需要的就是金融教育和經濟教育。近來不斷強調金融科技 FinTech（由金融 Finance 和科技 Technology 合成的詞），我也想透過這本書來談談金融教育 FinEdu（由金融 Finance 和教育 Education 合成的詞）的重要性。

不單是給孩子的零用錢，父母連家庭生活開銷的話題也都可以向孩子們分享，尤其是跟教育有關的部分。孩子也應當知道自己補習費的總額，和父母討論出最適合的方案。

我們可以告訴孩子他補習的費用、買參考書的費用、零

食和外食的費用是多少，並引導他找出可以減少花費的省錢方法。

我不反對讓孩子補習，只是希望可以更有效率。與其花大錢到知名補習班上課，不如收聽知名的線上課程，把省下來的補習費拿來買一檔課程內容充實的教育企業股票，這是我們都能做到的事。

過去的我以為只要把書念好就可以考上好大學、找到好工作，生活得舒服。我將守在自己的位置上努力過日子當成唯一方法，但其實並非如此；因為我的學校生活和成長的教育過程裡，沒有出現像作者羅勃特・清崎（Robert T. Kiyosaki）在《富爸爸，窮爸爸》一書中提到的金融教育 [1]。而這樣的我在當上老師之後也不曾教過學生有關金錢方面的知識。

後來我覺得不能再這樣下去，於是開始抓緊機會學習經濟。不光是經濟教育，連省錢術、理財、股票、房地產等主題的書，只要市面上買得到的我統統搬回家讀。從省錢、儲蓄到股票、房地產，我也加入了各種主題的社群，儘可能地研讀大部分的貼文。我深刻地感受到以前的自己有多無知，並做了我唯一擅長的事：讀書，讀跟錢有關的書。

幸虧我從 2015 年開始學習金錢的知識，這讓我現在可以擁有些許的富足和從容。父母的醫療費、姪子的零用錢、陪

孩子一起出遊的旅費，我都可以應付得游刃有餘。一領到薪水就按照計畫分配，該繳的款項也絕對不會逾期。不只是信用卡費，連活動會費、小孩的補習費我也從不遲交，這習慣連帶提高了我的信用評分。這是我過去完全無法想像的人生，以前光是要繳的利息就比我領的薪水還多。

如果你察覺到為什麼一個看似無憂無慮的國小老師會一直強調錢的議題，想請各位從現在起能讀讀我的故事。在本書裡我不是一名老師，而是以一個忠告者的立場希望剛破蛹而出的蝴蝶能準備好慢慢地張開翅膀；就像這樣，我也會從基礎開始一步步地傳達經濟教育的內容。我衷心期盼所有孩子在未來都能獲得經濟自由，並展翅高飛。

現在我想再問一次，

你還會害怕或猶豫對孩子提到錢的事嗎？

目錄

Chapter

1

入門篇

開口跟孩子談錢之前，
你該先有這些觀念

為什麼小學時期
就必須進行經濟教育

　　過去強調人到了三十幾歲、工作步入軌道後就需要進行經濟教育。曾幾何時，這個年齡慢慢降到二十幾歲，現在甚至從十幾歲就要開始經濟教育了。然而就像我在序文中提到的一樣，即使一再強調經濟教育的重要性，還是有很多父母在面對孩子的時候覺得錢的話題難以啟齒。

　　可是各位知道嗎？大人們只要聚在一起就會討論房價，孩子們怎麼可能會沒有聽到呢？講到某個社區出售的住宅開價上億韓圜、某個地方這次要價超過 10 億韓圜、或是某某某投資了哪家公司大賺一筆買了一台進口車……等等，這些都是跟錢有關的話題。可能還會惋惜地說：「要是我去年知道，早就賺好幾千萬韓圜了，唉別說好幾千萬，幾億韓圜都有可能！」

　　當孩子好奇提問的時候，卻回答他：「小孩子不需要知道這些，只要努力讀書就好！」、或是：「你還小，不用懂什麼

錢？」不過這些為什麼不能讓孩子知道呢？長大成人的我們既然後悔感嘆：「要是我早點知道……」為什麼當孩子想早點知道時卻拒絕他呢？有人認為：小孩不要太早知道錢的事才能正直長大，這樣的說法太假仁假義了；還不如讓孩子早一點接受正確的財經素養，才是讓自己和孩子擁有財富的捷徑。

在正式談到孩子的經濟教育之前，我們需要先釐清一點：國小是接受基礎、基本教育的時期。對於國語、數學、社會、自然科學、音樂、美術、體育、生活與倫理，最後還有英語等各個科目，國家都規定了各年級必須達到的學習標準。其中我們來看一下英文，現在這個科目大多還是以課外輔導來決定程度落差，讓人深感惋惜。我國學生的英語實力遠低於國家規定的學習標準，讓孩子們不得不仰賴課外輔導。再加上小學低年級階段，英語並沒有被納入正式學科，也因此大多數的孩子都必須到英語補習班學英語。（編註：台灣於小學三年級開始有英語課）

經濟教育的情形比英語教育更嚴重。台灣國民小學的課綱中唯一提到錢的地方，只有高年級社會課裡簡單教到儲蓄、金錢概念而已。以前的小孩是拿著不多的零用錢，並透過這樣自然地學習如何管理零用錢；現在的孩子連接受這種經濟教育的機會都沒有。

這是環境使然。以前我們拿著上學途中買的 50 韓圜（約

台幣 1.28 元）圖畫紙，要是不小心捏皺，就等於是讓錢白白飛走了；要是沒有把口袋裡的錢放好，可能一不注意就掉了；要是放學回家因為想吃零食而花光了零用錢，等到真的要用時就什麼也買不到；要是我們沒有管好自己的零用錢，就會被大人罵……然而我們的孩子卻學不到這些。

可以說，最近的孩子根本不必為了什麼必須珍惜地使用零用錢。在學校，包括圖畫紙在內的各種教材、文具都會直接發放，孩子們沒有機會自己去買課程用品。在家裡又是如何呢？從零食到玩具，家長都會準備妥當。小孩完全不用為了什麼拚命存一筆零用錢，因為有爸媽幫忙買好、有姑姑阿姨贊助，還有爺爺奶奶給的「小費」。這意思就是，學校和家裡都已經免費提供了基本的必需品，所以孩子根本沒有存錢的必要。

如此一來，許多學校分發的課程用品，孩子可能一拿到就弄丟了。即使東西掉在教室裡，他們也不會去找，因為一點也不覺得可惜。我在孩子們放學後打掃教室時，總會看到全新的鉛筆、橡皮擦、尺……等文具在地上滾來滾去。假如做一個失物招領的籃子，最後只會累積一大堆沒有人認領的文具而已。在這個富足的世界上，孩子們感受不到匱乏，這時候要教育他們節省、儲蓄是吸引不了他們的。

現在教導孩子強調節省和儲蓄的零用錢記帳方式也是不

夠的，必須給予孩子更多元的金融知識和理財態度，才能避免孩子淪為金融文盲。**國小就是最適合開始養成這些正確觀念的時候**。因為這階段正處於孩子形成自我概念、自尊感、社會關係的兒童期。發展心理學家愛利克・艾瑞克森（Erik Erikson）認為，兒童期是指兒童發展階段中的學齡期（滿 6 歲～滿 11 歲）。這時期的孩子會在學校開始度過他們的社會生活，並學習「成就」。

　　孩子們會為了獲得成就而付出努力，在接受評價的同時學習養成勤勞的習慣。青少年階段是孩子確立自我認同感，並與混亂共存的時期，經濟觀念也容易因此陷入混亂。所以，如果想為孩子建立正確的金錢觀念及勤勞的理財態度，一定要在國小階段進行經濟教育。

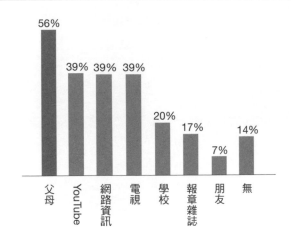

學生們獲得理財知識的主要途徑（可複選）

父母	YouTube	網路資訊	電視	學校	報章雜誌	朋友	無
56%	39%	39%	39%	20%	17%	7%	14%

值得慶幸的是，如今有越來越多的家長想從子女小時候開始讓他們接受經濟教育。隨著這些父母的需求，經濟教育的方式也逐漸變得多樣化。在韓國，以前頂多只有青少年金融教育協會或金融機構為兒童量身定做的壓歲錢教育而已，但現在則可以輕鬆地找到更專業、更有系統的經濟教育課程。以兒童為對象的股票講座、或線上經濟課程等，都是頗具代表性的案例。問題是我們跟其他國家不同，經濟、金融教育並沒有列入正式的教學科目，造成孩子的經濟教育程度完全左右於家長本身擁有多少的資訊。[1]

學校金融教育現況調查

 學生

在銀行購買金融商品時會選擇保障本金	68%
知道零存整付和整存整付的差別	35%
接受過金融教育	20%
認為金融教育對未來有幫助	97%

出處：〈國高中生 65% 不知道什麼是「零存整付、整存整付」〉，《朝鮮日報》，2021.3.22

正因如此，越是缺乏經濟教育知識的家庭，子女的經濟教育程度也會越落後於同年齡的人、而碰到令人惋惜的事。

2021 年 2 月《朝鮮日報》透過韓國金融教育學會及韓國教職員團體總聯合會協助向國高中學生及教師進行問卷調查，結果顯示每十位學生當中「在學校接受過金融教育」的人只有兩位。[2] 大部分的學生獲得金融知識的主要管道還是來自於父母（56%）及 YouTube（39%），比學校（20%）要高，可見父母在經濟教育相關的知識給予上扮演多麼重要的角色。

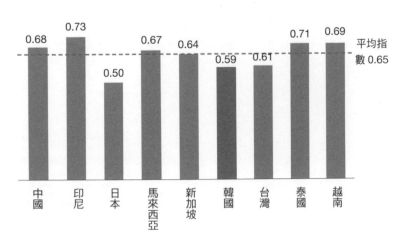

亞洲 9 國子女經濟教育信心指數

出處：〈韓國父母對子女經濟教育方法的洞察力〉，《瀚亞資產管理》，2020

2020 年瀚亞資產管理韓國有限公司（Eastspring Asset Management Korea）的一篇報導「韓國父母對子女經濟教育方法的洞察力」，其中韓國父母「對子女教育的信心指數」為 0.59，排名在亞洲 9 國裡敬陪末座。[3] 這項調查顯示，94%的父母都認為經濟教育對子女而言相當重要。但信心指數卻呈現出與之相反的結果，從這點也可以看出父母對於金融知識的信心普遍不足。**問題就在於，父母對經濟教育越沒有自信，孩子可以接受到專業經濟教育的機會就越少。**

前面《朝鮮日報》問卷調查結果也指出 94%的學生都覺得自己「需要金融教育」。更是有高達 97%的學生表示「金融教育對未來的金融生活有幫助」，我們也能輕易地由此推論出孩子們有多麼渴望接受金融教育。

無論是家長或學生都一致認為經濟教育極為重要，讓孩子越早在國小時期接觸，就越能改變孩子的經濟生活。

錢能帶來的
最大回報

　　在自己想要的時間做自己想做的事、在自己想待的地方跟自己想見的人、做自己想做的工作；有人會覺得這樣的生活不幸福嗎？

　　因為新冠病毒（COVID-19），我們的生活和工作出現了巨大的變化。在這混亂的情形下，也有人正在自己想要的時間、在自己想待的地方做自己想做的工作。在整理好食衣住行的基礎上做自己想做的事，這些人無論碰到什麼狀況都不會動搖。他們不需要為了錢去做自己討厭的工作，也不需要經歷出門上班的壅塞和下班回家的疲勞。假如被職場上的主管排擠、辦公桌被捉弄搬出去，他們也不用在自尊心被嚴重踐踏的同時，還執意去上班。因為一般的緊急狀況，他們都有能力可以游刃有餘地應付。

　　然而，大部分的人是連上班當下要把孩子託付到哪裡都手足無措。不僅如此，還有不少人因為疫情而突然失去工

作。這樣的人為了請領失業補助金、各種支援津貼，就得要耗費許多時間；另一方面也要為了二度就業而接受各種職業訓練。

有些人可能會認為老師這項工作是一輩子的鐵飯碗，不過我也想看花開花謝、體驗人生不同的姿態，想出席孩子的入學典禮、畢業典禮和教學觀摩日；或是像其他經濟有餘裕的朋友一樣，早上安排個人重訓教練課、再和社區裡年齡相近的姊妹一起享受早午餐。避開寒暑假到哪裡都爆滿的人潮、開銷又高的旅遊旺季，和孩子們參加現場體驗活動。當然在最近的情況之下，這些想法可能會被說是身在福中不知福，但也因為是人，所以真的要比較起來也是沒完沒了。

在金錢帶來的力量中，我最希望能獲得「時間自由」，想透過時間上的自由，把更多時間投入我想做的事情上。例如：把上班族每天通勤的時間轉換成幫孩子準備早餐、晚餐的時間，也可以有時間運動。我五點準時下班的話，回到家也會超過六點，跟其他職業媽媽一樣忙得團團轉，要餵孩子吃飯、幫他們洗澡、哄他們睡覺，一天才算告一段落。因為需要賺錢，這個程度的挑戰都必須克服。

今天要是我的工作地點在首爾市中心，光是往返就要花上三四個小時的路程的話，想必我對錢所帶來的回報，也就是「時間自由」的渴望一定會更為強烈。即使我對這份工作

充滿熱忱及成就感，但假如我可以在想待的地方、想要的時間、和想見的人，做符合我預期的工作，那麼我的可能性就可以無限大。

我們常對子女說：「你好好讀書，將來找份好工作。」這番話換句話說，就是希望孩子擁有好東西，然後淺嘗一下短暫的滿足感就結束的意思。孩子能在他想要的時間點退休嗎？在那之前他需要忍耐並苦撐多久呢？我們別再要求孩子去找一份好的工作，而是應該教導他如何付出努力獲得財富和時間的自由，讓他發揮無限的可能性。因為掌握時間的力量正式來自於財富。

孩子長大成為
金融文盲後面臨的現實

　　韓國銀行和金融監督院（Financial Supervisory Service, FSS）每年都會針對全國人民的金融素養進行調查。[4] 根據調查結果顯示，2020 年韓國成年人的金融素養指數為 66.8 分，相較於 2018 年的 62.2 分雖然有所增加，但青少年（18~29 歲）的金融素養指數仍然低於平均值。

　　所謂的金融素養（Financial Literacy）是指以金融知識為基礎，做出合理金融決策的能力。金融素養又分成金融知識、理財行為、理財態度等，而韓國的理財行為（65.5 分）與理財態度（60.1 分）這兩項的分數尤其低於金融知識（73.2）。其中青少年階層、老年族群、及社會貧困階層的金融素養分數更為低落。由此也可以發現貧富差距日益兩極化的部分原因。

　　正如序文當中提到葛林斯潘說「金融文盲會讓人無法生存」，這對如今的我們來說已經不再陌生。在我們的祖父母

那一輩，淪為文盲是最可怕的事。他們由於無法念書而沒有得到應有的待遇，因此他們人生中最大的遺憾就是「無法念書」。然而金融文盲比起文盲的可怕程度，更是有過之而無不及。各位覺得這件事只會發生在其他人身上嗎？那麼我想問各位，「貧窮會代代相傳」這句話是否觸動了你？

我對「貧窮會代代相傳」這段話真的很有感觸。以前我以為只要把書念好就能順利上好大學、找到好工作，成家立業。那時我有個國小同學從商業高職畢業後就準備就業了，每次見面他都會提到住宅認購帳戶的事。他從高中開始就學習理財，不僅對銀行利率十分熟悉，也從不亂花錢。我這位朋友在二十幾歲的期間都只穿的白 T 恤和牛仔褲，他便具備了我們先前談到的金融素養，也就是金融知識、理財行為和理財態度。

到了 28 歲的時候，我和那位朋友的差異立刻顯現。我都準備要結婚了卻還沒有什麼積蓄，他卻已經存了 2 億韓圜（約台幣 512 萬）。他從大學開始就計畫透過住宅認購帳戶準備買房子，可是到那時我才覺得：「我到底做了什麼？」我念大學的時候一邊打工賺錢、也領了獎學金，明明可以認真存錢的，那些錢都跑到哪裡去了？

我看著存摺上不多的餘額，深刻地反省了自己。

可是也只有那當下而已。因為我不僅金融知識不足，理

財態度也不對。生小孩後，我生活忙得暈頭轉向，別說是要彌補我的金融知識了，時間過得越久，我存摺上的餘額也越來越少。直到現在我還是深感後悔：當初應該要住小一點的房子、準備少一點的嫁妝、再縮減一點生活費來養小孩的。我那位朋友現在已經是一個分租套房的房東了。這就是我和朋友二十幾歲時的金融素養差異所形成的距離。

如果只是單純的貧富差距，勉強還算值得慶幸的事，本來就有很多狀況會需要把手上的錢用掉。但假如是出於對金融沒有概念而過度消費、不懂得掌握現金流導致投資股票失利、高價買了房產卻被套牢，非但無法增加收益，連保障既有的資產都有困難。或者，本來讓孩子不用擔心錢的問題、生活不虞匱乏，結果長大成人之後卻無知地幫朋友擔保，連留給小孩的房子都被抵押拍賣，這樣的例子也屢見不鮮。

我作為母親、女兒、媳婦、和一個上班族，在扮演自己所有角色的同時，還要養小孩、讓他受到充足的教育，這樣的情況下一年要存到一千萬韓圜（約台幣 26 萬元）是非常困難的。辛辛苦苦存了錢，總不能因為金融文盲的緣故到最後淪為負債的下場，至少也要讓資金跟上經濟成長率才行。

問題是，我卻會因為自己是金融文盲，而讓孩子一代又一代地繼承貧窮。股票投資人 John Lee 將金融文盲比喻為傳染病。他也談到一個人錯誤的金融知識，會像傳染病一樣蔓

延，最終對國家造成威脅。[5] 多數人對孩子上課外輔導的盲從、把股票當作投機行為的氛圍等錯誤判斷被包裝得有模有樣，讓有錢的人繼續有更多財富，沒錢的人只能繼續傳承貧窮。

根據韓國統計廳《KOSTAT Statistical Plus》2021 年春季號指出，三十幾歲的未婚人口中有 54.8% 是跟父母一起生活的「袋鼠族*」。[6] 此外四十歲出頭的未婚人口中，有 44% 仍和父母同住。由於青年階層的就業率持續低迷、居住費用不斷攀升，即使成年後也難以在經濟上、心理上脫離父母獨立。近來經常聽到二三十歲的年輕人對像賭博一樣難以捉摸漲跌的加密貨幣「靈湊*」，意思就是連靈魂都拉進來湊數、伺機放手一搏。如此現象也讓我們可以一眼看出這些二三十歲年輕人因為沒有在成長過程中另外接受過經濟教育，導致經濟觀念認知上的缺乏。

金融知識豐富的父母可以用孩子的名義幫他們開設證券戶、讓孩子確認戶頭。孩子能因此確實了解股票的觀念，這筆錢在孩子長大成人後也可以成為他的第一桶金，讓他做自

---

*譯註 1：引用自 1998 年法國新聞週刊《快報》，指大學畢業後到了就業年齡卻以薪水少等理由依賴父母的年輕人。

*譯註 2：韓國新造語，指用盡所有財務能力來做某事。

己想做的事。從小開始親自體驗金融知識、擁有第一桶金的孩子，和沒有這些條件的孩子，未來會有多麼大的差異呢？我的孩子是屬於前者、還是後者呢？想必沒有家長會希望孩子長大之後埋怨父母：「為什麼沒有教我金融教育？」也沒有家長想讓自己的孩子自責：「這個社會結構就是會讓有錢的人擁有更多財富，沒錢的人更加沒錢，我根本無能為力，而充滿痛苦委屈。」

所以許多人下定決心讓孩子擺脫金融文盲的命運，雖然如此發願，就算結婚之後也不曾察覺，但卻在生下小孩、教養他們的過程中赫然發現錢的可怕。如果各位想學習理財，可以努力找書來看、聆聽實體講座；要是沒有餘力可以外出上課、小孩找不到托育的地方，也有很多線上課程；跟經濟有關的網路報導、廣播節目、YouTube 上的免費課程也隨處可見，只要訂閱頻道就能定時收看金融知識的相關內容，大家不需要想得太難。

即使沒有什麼知識可以傳承給孩子，但只要從現在起一點一滴地和孩子共同學習、累積，這也是非常好的方法。倘若你不想因為金融文盲而讓殘忍的貧窮代代相傳，**別感到氣餒，只要記得：開始去做就是能「擺脫金融文盲」的唯一方法。**

缺乏經濟教育
而發生的金融問題

　　近年來壞消息接二連三不斷傳來，別說是理財投資了，連要守住自己的錢都相當吃力，我切身感受到了這個事實。電話詐騙、金融詐欺、租屋押金詐欺等，到處都有成群的鬣狗覬覦著要吞噬我們的錢。所以越有錢的家庭，越會對子女嚴格執行經濟教育，讓他們能保障自己的財產。

　　反過來說，現在的我們又如何呢？我們只要求孩子們努力念好學校裡的學科。假如孩子們沒有接受生活中必需的實戰教育，等到他們一出社會之後就得面對奸詐狡猾的詐欺陷阱，暴露在危機中。像是好不容易存下來的零用錢可能會被電話詐欺騙走；辛苦儲蓄的存款可能缺乏存款保護機制的保障，結果不翼而飛。當孩子想獨立而打聽出租的套房時，被房東騙走所有的押金；或是聽從朋友的建議投資股票慘賠等等。

　　像這樣對經濟一無所知、手中握著錢，準備展開社會生

活的新鮮人，簡直是詐欺犯眼中的肥羊。

有人說：碰到金融詐騙的人不是因為不懂，是因為沒有起疑才被騙的。但是你知道產生起疑前也必須先了解該知道的部分嗎？只有知道了，才能發現對方言談中有錯的地方。然而許多人卻覺得麻煩而不想知道太多，於是對方說什麼就信什麼。如此由於缺乏經濟教育而發生的金融問題實在多到不勝枚舉。

首先，我們來談電話詐騙。任何公家機關或機構都不會透過電話或簡訊詢問個人資料，尤其是帳戶號碼、密碼等跟錢有關的資料。當有人自稱是投資機構、警察局或銀行找上門時，就必須提高警覺、保持懷疑態度，同時也要教孩子不要透露自己的金融資料，否則小學生可能會為了交換一組貼圖而給出父母的個人資料或金融相關資料。同時告訴孩子萬一真的遇到了電話詐騙，別因為怕被罵而隱瞞事實，並教他應該要立刻聯絡父母、通報銀行或警察立刻終止付款。

接下來談到近期發生類似 LIME 基金管理公司案例*等高風險商品的基金投資。

基金管理公司利用母子基金（指向投資者募集資金，再將這筆錢轉投資到母基金的運作方式*）的形式操作，名義上

---

*譯註：參考資料 https://www.cna.com.tw/news/aopl/202010160273.aspx

打著投資共同債券基金的幌子，實際上卻是投資股票、債券等各種高風險標的來獲益的避險基金*，操作人還可以透過貪污、偽造帳簿的手段貸款 400%的金額。實際上這並非單一案例，由於與其他類似的金融衍生商品中包含了艱澀的專有名詞、加上收益結構複雜，也因此金融公司惡意利用人們無知的狀況也層出不窮。在保障每年 4%收益的條件背後，金融公司沒有說出口的是可能損失全額資金的風險。最終蒙受損失的還是相信本金能獲得保障的投資人。

另外，被視為一種直銷的龐氏騙局也有相同情形。罕見的直銷型詐欺犯曹喜八，造成 5 萬多名投資人總計共 4 兆韓圜（約台幣 1025 億元）左右的損失*。我就讀大學的時候也曾被國小同學拉進直銷公司。整整三天的時間不斷刺激大家的自尊心、洗腦大家只要成為鑽石階級的會員就能獲得夢寐以求的回報，剛步入社會的新鮮人們個個都沉浸在馬上就能大賺一筆的錯覺中。結果，和我一起被拉進直銷公司的三十幾個人當中，只有我離開了那裡。他們每個人都交了 300 萬韓圜（約台幣 7 萬 7 千元）的投資金，這些錢當然毫無例外地消失無蹤。

2010 年 11 月發生的「德意志選擇權」衝擊對韓國經濟帶來巨大的打擊。整起事件發生在收盤前 10 分鐘，出現 2 兆韓圜（550 億）以上的大量賣單，導致南韓綜合股價指數暴

跌超過 50 點。

涉嫌犯案的主謀們辯稱是為了年終業績獎金才會做出這樣的事。結果他們侵佔了 448 億韓圜（約台幣 11 億 4871 萬元），造成韓國國內投資人共 1400 億韓圜（約台幣 35 億 8974 萬元）的損失。就像這樣，股票也極有可能出現操縱股價、作假帳、內線交易、不良投資等問題。

此外，房地產的情況同樣令人痛心。大學生被房東捲走套房的押金、社會新鮮人因為房地產詐騙而失去了第一桶金等案例時有所聞，每次聽到都讓人氣憤不已。有人辛苦存了五六千萬韓圜（約台幣 140-170 萬）的全稅租金*，卻碰上一屋二賣、或是申報遷徙登記被推遲的詐欺事件而讓財產不翼而飛。有人被房東要求暫時不要申報遷入登記，結果在尚未申報遷入的這短短時間，房子立刻被房東拿去抵押貸款、或是另找新的房客入住。尤其大學生或剛畢業的社會新鮮人幾乎都不知道，當申報遷入登記和房東申請抵押貸款發生在同一天時，貸款會先生效。假如相信房屋仲介的片面之詞就直

接簽約，很有可能會讓自己陷入失去所有全稅租金的窘境

　　另外，最近越來越多房東跟房客選擇彼此直接簽約，不再透過房屋中介。此時，在簽訂租賃契約之前都需要審閱「登記簿謄本」。所謂的登記簿是指土地、建物等所有登記事項的證明書，房地產所有權列在「甲」區、債權債務關係列在「乙」區*，可以確認是不是實際所有人以及房屋抵押貸款等相關內容。利用房屋作為擔保向銀行申請貸款時，一般抵押貸款的債權最高額度設定在 110% 到 130%*，此金額加上自己的全稅保證金的總額，不可以超過 KB 國民銀行*市價或實際交易價格。

---

*譯註 1：全稅租房為韓國特有的租房制度，指房客交付房東高額保證金後，入住時可以不繳房租、只繳水電費用。（https://www.ftvnews.com.tw/news/detail/2022427W0214）

*譯註 2：韓國土地建物登記簿格式。（https://blog.naver.com/dsd_auction/222300300569）台灣所有權列在「所有權部」，其他債權債務關係則列在「他項權利部」。（https://www.stockfeel.com.tw/土地謄本-建物謄本-權狀-所有權-土地登記/）

*譯註 3：台灣房屋抵押貸款額度大約為五到八成。（https://likedai.com.tw/房屋抵押貸款/）

*譯註 4：韓國最大商業銀行。

　　如果在自己的全稅保證金之外，這個房屋同時還有其他正在進行的貸款，就需要投保全稅保證保險來保障自己的全

稅押金。簽約時也必須明確列出：「截至尾款撥付翌日前，不可發生任何權利變動。」並再三確認對方是否為真正的房產所有人。另外，在撥付尾款的當天對方必須完成搬遷事宜，同時完成遷入申報、確定生效日期，才能成為一個有抵抗力的承租人，事先做好萬全準備以免落入房子被拍賣的窘境。（住宅租賃保護法相關詳細內容，建議可參考首爾特別市發行的住宅租賃保護法指南。[7]）

接著來談銀行的狀況，銀行是保護存款對象的金融機構。大部分的人只知道存款人保險的保障額度是 5 千萬韓圜（約台幣 128 萬元），其他一無所知。實際上這個保障額是指各家金融機構對每位存款人都有 5 千萬韓圜保障額度，並不是同一人的每個帳戶都可以有 5 千萬韓圜的保障。這 5 千萬包含全部的本金和利息，而指定利息則適用當時投保利息或市場上一年內利息當中較低者*。所有金額相加後只保障 5 千萬韓圜的額度，也就是說超過的部分就不保障了。

那麼透過銀行投資其他證券公司的基金商品又會如何呢？從結論談起的話，基金是類似於股票的投資型商品，因此並不屬於存款人保護法所保護的對象範疇。

我們透過銀行購入其他保險公司的基金商品，當該保險公司或保險商品出現問題時可以解約，除了解約費用之外其他都能拿回來。銀行代為經營其他證券公司的基金商品，並

收取隨之而來的手續費。保險商品也是同樣的道理。不過存款保險的部分會由政府保障給付，而郵局商品也會依據「郵局存款暨保險相關法律」，由國家保障全額。因此建議可以在銀行儲蓄適當的金額，其餘的則可以相信由國家保障的商品。以高風險、高收益為噱頭煽動投資人的商品，不會保障本金。

---

*譯註：根據韓國存款人保護法（Depositor Protection Act），各大銀行皆須強制投保存款保險，而存款保險公司則負責處理無法支付存款人的破產金融機構，以保障存款人權益，每人最高保障額度為 5 千萬韓圜。台灣則為最高新台幣 300 萬的保額（資料來源：中央存款保險公司官方網站）

依台灣現況，如銀行經營不善被主管機關勒令停業時，「中央存款保險公司」依法將賠付民眾在同一要保銀行新臺幣存款(含郵政儲金)、外幣存款（如美金、人民幣等）的本金及利息，歸戶後總計最高保額新臺幣300萬。

保障及未受保障存款項目如下：

受保障之存款	未受保障之存款
• 支票存款	• 可轉讓定期存單
• 活期存款	• 各級政府機管之存款
• 定期存款	• 中央銀行之存款
• 郵政儲金	• 收受存款金融機構間之同業存款
• 依法律要求存入特定金融機構之轉存款	• 銀行所設之國際金融業務分行收受之存款
• 其他經主管機關核准承保之存款	• 其他經主管機關核准不予承保之存款

資料來源：ETtoday 財經雲 https://finance.ettoday.net/news/1861894

社會新聞時常出現，因為股票失利傾家蕩產後殺害家人、放棄自己人生的社會菁英；以為是保健食品說明會卻加入了直銷團體讓大把錢不翼而飛，陷入絕望、結束生命的長輩……，像這樣令人遺憾的事無論身處哪一個社會階層、擁有的錢多少都有可能發生。

　　通常我們都認為天上掉下一大筆錢是件幸福的事，然而即使得到一心期盼可以中獎的樂透，如果沒有做好金錢管理，仍然會在瞬間跌入深淵。**能夠守護我們財產的並非從天而降的「樂透中獎運」，而是理想的經濟教育。**

自主學習
從管理零用錢開始

　　「自主學習」是指在教育上引導學生自動自發進行整體學習過程的方式。從計畫、執行、評價學習經驗的首要責任，就是學生負責的「學習」。假如能讓孩子養成自主學習的習慣、不需要父母嘮叨逼著念書的話，還有比這更令人感到高興的事嗎？

　　為了能實現這樣的自主學習，許多父母都會努力讓孩子從小開始累積各式各樣的經驗、打下紮實的基礎。此時更沒理由拒絕讓管理零用錢成為孩子自主學習的出發點。**從幼兒時期就培養管理錢能讓孩子養成生活習慣，並可以積少成多由此連貫到自主學習。**

　　讓孩子學習並規劃如何將零用錢連結到自己的生活。孩子一拿到零用錢就可以開始選擇要不要花錢，這時可以讓孩子規劃要把零用錢花在哪裡、實際花費、評估花得正不正確，自己經歷整個過程。

使用零用錢的同時，無論是為了想獲得更大的事物而等待的延遲享樂（delayed gratification）過程，或是將自己領到的零用錢捐贈出去的過程，都必須讓孩子自己主導並負責。

小時候不曾自己管理過零用錢的孩子，日後在經濟狀況上面臨悲慘情形的機會也更大。實際上彩券得獎者中有 30% 曾經歷過破產，這是一個具體的證據可以證明人們在尚未準備好的情況下突然積累一筆鉅額財富，財務管理能力也不會隨之提高。就像根深蒂固的習慣無法輕易改變一樣，既有的消費模式、儲蓄及投資方式也很難改變。因此從小就必須開始累積經驗，學習計劃、消費並應對未來。

給孩子零用錢相當於是給孩子自由。要使用或儲蓄這些零用錢都是孩子的自由，我們要尊重孩子的選擇。讓他們親身體驗並比較，把錢花在真正想要的地方時、跟一時衝動的消費感覺有何不同。透過捐款可以讓他們感受到為了別人付出金錢的成就感，也感受在不小心沒有管理好錢而弄丟時的沮喪及難過。

一點一滴存錢時獲得的耐心和滿足也是一樣。唯有自己存過錢才知道錢的大小、才能體會等待並獲得自己想要的東西的方法。當這一切都成為孩子的資產時，他才擁有管理錢的能力。

包含猶太人在內，許多已開發國家的父母從孩子還小的

時候就會引導他們自然而然地談論對錢的觀念。這些經驗日後都將成為孩子自主管理錢的資產。相反地，像韓國一樣對金錢持保守態度的氛圍對孩子的自主經濟習慣完全沒有幫助。父母一邊從幼兒時期就努力教孩子英文，只為了讓他們多認識一個單字；然而經濟用語卻含糊帶過，一昧認為：「長大就自然會了。」

這就像是在沒有受過教育的狀況下就拿到智慧型手機一樣。現在的孩子們由於過度沉迷於智慧型手機，而發生很多問題。所以有父母乾脆一開始就對孩子說：「等上大學再幫你買智慧型手機。」從根本上斷絕成癮問題。

然而在如今線上教育不斷強化的時代下，沒有智慧型手機的孩子已經不只是面臨生活不便的問題，這跟被搶走了生活必需品沒有兩樣。

其實在充分接受過教育之後，孩子也可以自主使用智慧型手機。現實中有許多孩子被父母教育過應用智慧型手機的方法後，只會在必要的時候使用智慧型手機。

有的孩子利用 YouTube 上的學習影片增加自己的學習時間；有的孩子利用 Instagram 互相檢查彼此的學習量。還有 Zoom 提供的線上視訊會議服務讓孩子們可以一起晚自習。

請各位丟掉「我的孩子不會拿智慧型手機玩遊戲」的想法。事實上，回家前坐在離家不遠的便利商店，連上附近的

WiFi 認真玩遊戲的孩子真的很多。因此，最重要的是引導孩子自己想要有效運用手機的意志。

零用錢教育及智慧型手機教育比較

	零用錢教育	智慧型手機教育
先決條件	父母的生活習慣、面對人生的態度、教養態度同樣會為孩子帶來決定性的影響	
指導內容	零用錢使用的方法、規則 符合必要性和價值的消費方法	智慧型手機使用的方法、規則 符合必要性和價值的消費方法
沒有充分教育而長大成人後	無節制的消費 容易暴露在賭博、暴力、煽情誘因中	無節制的成癮 容易暴露在賭博、暴力、煽情誘因中
指導重點	不僅要看零用錢的使用金額，還要看使用內容	不僅要檢查智慧型手機的使用時間，還要檢查使用內容
指導方向	在親子之間擁有親密溝通、信賴感的基礎之上制訂並遵守使用規則→具備批判性、合理使用的判斷力→具備自主、有規律的使用意志→可有效使用	
注意事項	留意父母本身的盲點和漠不關心 ● 漠不關心：認為孩子會自己懂得好好使用，不去關注而引發的問題（必須檢查孩子使用的內容和整體消費內容） ● 盲點：父母不了解金錢觀和智慧型手機而可能會引發的問題（父母需要持續學習金錢觀及使用防止智慧型手機有害問題的應用程式）	

當然，孩子一開始也有可能沒辦法憑自己正確地使用零用錢，不過了解孩子本身的狀態這非常重要。唯有徹底了解現在孩子對錢的認知是什麼、如何使用錢的，才能給予適當的指導。要讓孩子清楚記錄零用錢的使用明細，一邊確認內容一邊掌握孩子的傾向，看看他是屬於拿到零用錢就會通通花光的類型、還是會一點一點存起來的類型。

在一段時間裡讓孩子以零用錢為基礎，了解整個家庭的資產和生活費、並體驗錢逐漸累積增加的經驗。讓他明白整個家庭運作的一切，是在父母的計畫之下進行的一連串過程，就跟他規劃要把自己的零用錢使用在哪裡是一樣的。

別期待孩子未來會自己學會對錢的觀念而一再拖延，父母必須先成為孩子管理金錢的榜樣。要讓孩子看見，不是因為沒有錢所以買不起，即使有錢也應該要做好規劃、只消費必要的部分。**錢的單位越大，需要指導的內容越多、風險也越高。因此在孩子小時候，正好他們碰到的金錢單位較小的時候，更容易給予充分的教導。**此外，當這些經驗和指導成為了基礎，也能同時成為孩子自主學習的珍貴資產，因為他已經有了自己管理零用錢的經驗。

深度
學習 **檢視小學課綱中的經濟教育領域**

　　在韓國小學教育課程裡面，包含了經濟教育的科目分別是社會和應用課程。雖然我們在教學現場強調學校金融教育的重要性，但在第七次教育課程之後修訂的 2015 新版教育課程*中，學習成就標準和內容要素都大幅減少。尤其是國小社會科裡只有經濟相關的內容，並沒有跟金融相關的內容。金融教育和經濟教育兩個探討的主題是不一樣的。

2015 修訂版教育課程中社會科的經濟領域（韓國）

領域	核心觀念	一般化的知識	內容要素	
			三～四年級	五～六年級
經濟	經濟生活與選擇	由於稀缺性而發生經濟問題時，必須考量解決問題的費用及便利性。	● 稀缺性 ● 生產 ● 消費 ● 市場	● 店家 ● 企業 ● 合理選擇
	市場與資源分配	在競爭市場中，藉由市場均衡達到資源分配的有效性，市場失靈時應由政府介入。		● 自由競爭 ● 經濟正義
	國家經濟	景氣變化過程中出現失業及通貨膨脹（inflation），國家政府尋求使經濟安定的方案。		● 經濟成長 ● 經濟安定
	世界經濟	根據國家間比較優勢出現專業化及貿易，匯率則由外幣市場決定。		● 國家間競爭 ● 相互依存

出處：節錄自 2015 修訂版教育課程總論暨教學科目教育課程中社會科教育課程

先來看社會科。在 2015 年修訂教育課程以前，國小三～四年級會學習消費者合理決策的相關資訊，包含消費者權力的內容。不過這些內容卻被 2015 修訂版教育課程排除在外，在社會科裡也沒有跟金融教育相關的課程。

而到了國小五～六年級，2015 年修訂教育課程裡則完全沒有跟金融教育相關的內容。只有在「我國的經濟發展」這單元裡能學到一些跟經濟成長、貿易相關的內容而已。

2015 教育課程中應用科的金融領域（韓國）

領域	核心觀念	一般化的知識	內容要素
			國小（五～六年級）
資源管理與自主	管理	為了持續管理生活、合理運用有限的生活資源達成目的及要求所必須的生活能力	• 時間、零用錢管理 • 衣服的整理及保存 • 整理、整頓及再利用

領域	核心觀念	一般化的知識	內容要素	
			三～四年級	五～六年級
經濟	經濟生活與選擇	由於稀缺性而發生經濟問題時，必須考量解決問題的費用及便利性。	• 稀缺性 • 生產 • 消費 • 市場	• 店家 • 企業 • 合理選擇
	市場與資源分配	在競爭市場中，藉由市場均衡達到資源分配的有效性，市場失靈時由政府介入。		• 自由競爭 • 經濟正義
	國家經濟	景氣變化過程中出現失業及通貨膨脹（inflation），國家尋求使經濟安定的方案。		• 經濟成長 • 經濟安定
	世界經濟	根據國家間比較優勢出現專業化及貿易，匯率則由外幣市場決定。		• 國家間競爭 • 相互依存

出處：節錄自 2015 修訂版教育課程總論暨教學科目教育課程中應用科教育課程

在應用科方面，金融教育相關的學習成就標準也從三個減少為一個。換句話說就表示 2015 教育課程的社會科、應用科裡，所有金融教育是大幅減少的。[9]

京仁教育大學社會教育系教授韓鎮守*在 2018 年發表的〈2015 修訂版金融教育教育課程之分析與改善方案〉提到：「透過 2015 修訂教育課程，（中略）學生難以具備在社會上完善決策所需要的金融能力，或成為積極實行金融生活的經濟主體。[10] 對此我完全認同。為了孩子們著想，金融教育相關的教學科目必須重新架構。如果還能同時在家庭當中一併進行金融教育，這是再好也不過了。

---

*譯註：參考 https://www.cite.com.tw/publisher/authors/13902。

*編註：台灣教育部於108課綱（全名為「十二年國民基本教育課程綱要總綱」）導入「財金素養」，將理財教育納入課綱，教導基礎理財觀念，協助學生及早學習財務規劃。

教導孩子金錢觀的速度

Q 老師，關於錢的部分我想慢慢告訴孩子，可以嗎？

A 我充分可以理解這句話的意思。總之他們長大成人之後都會知道，或許不想看到孩子小小年紀就一直談論錢。如果孩子對錢很敏感，每件事都要一一解釋、補充說明，真的很累人。尤其像貸款之類敏感的話題更是如此。

不過孩子也有「知的權力」。在我們那個年代沒辦法接受到很多的金融教育，在我們長大成人的這段期間國家也急速發展，然而相對地貧富差距也越來越大。除了我們的薪水以外，其他物價都不斷上漲，因此，當我們急需用錢時，只能選擇伺機放手一搏地開始買股票、買房地產這樣風險很大的投資商品。換個角度來看，如果我們提早學習金錢觀念的話，也許就不會那麼著急了。

我們都知道，凡事都有兩面，有好的一面自然就有壞的一面。錢本身並不是不好的，只是我們在社會上容易學到不好的一面，所以我們也必須學習它好的一面。我們知道有了錢才有可能相對輕鬆地選擇自己的夢想；知道人生不能只是追著錢跑；也知道為了度過理想的人生，在追求夢想的同時現實中也需要賺取生活費。

就像這樣，我們應該要把我們所知道的告訴孩子。若不這麼做，我們就無法讓孩子從我們的懷抱中放開。我不希望等到他長大之後、離開父母懷抱的瞬間就被洪水猛獸叼走。

　　孩子一旦踏入社會，就會有無數貪婪的鬣狗覬覦他的錢，但我們沒有辦法也不應該在每個當下都跟在後面監視他。

　　即使如此也沒必要擔心。為了讓孩子在叢林般的世界裡懂得保護自己，就要事先教導他們關於外面的世界。跟性教育一樣，越隱瞞、孩子就越學不好。只要我們陪伴著孩子，就可以進行健康的金錢教育。

Chapter
2

基本篇

想教孩子學好理財，
就從零用錢開始

孩子上小學一定要
給零用錢嗎？

　　生下孩子、餵養孩子、幫孩子穿衣服、哄孩子睡覺是父母的角色，也是義務。各方面的開銷都所費不貲，在必須精打細算的情況下還要另外給孩子零用錢，想來不禁會讓人產生許多疑問。我們試著用另外一個角度思考如何？我們期盼孩子可以接受更優質的教育，所以每個月花費一大筆錢幫孩子買參考書、評量、學習單，或繳交補習費。這裡就可以把零用錢也算在教育費用裡面。

　　其實，零用錢教育法在教育成果上，絕對不亞於一般評量測驗卷。

　　據說所有資源都很富足的團體會煩惱：「該如何教導孩子『缺乏』？」換句話說，就是煩惱該如何讓孩子有機會體驗自己有缺乏之處、產生渴求、付出努力到最後達成期盼的過程。

　　我們聽過很多人因為在經濟上體會到有所缺乏，對財富

產生渴求、最後成為富翁的例子。這就是感受到貧窮而努力掙扎擺脫缺乏的結果。也就是說，缺乏可以用來當作一種生活的原動力。

　　給孩子零用錢，是讓孩子學習一切生產、消費、捐贈、投資的經濟教育最佳方法。從父母那裡領到的一定零用錢屬於「生產」，覺得零用錢不夠的孩子會研究方法提高生產、或是透過妥協讓步的方式領到更多。他們會努力找出可以解決缺乏問題的線索。除了想運用這些方式提高生產的孩子之外，大部分的孩子會去適應父母給的零用錢。

孩子對金錢的意志、和身邊之人的關係可分為四大類型

第一類型	第二類型
對金錢的意志＋和身邊之人的關係＋拿到零用錢會儲蓄。 會把零用錢用在家人、朋友生日等必須要用的地方。	對金錢的意志＋和身邊之人的關係－拿到零用錢會通通存起來。 不想用自己的錢，希望父母可以幫忙解決。
第三類型	**第四類型**
對金錢的意志＋和身邊之人的關係－拿到零用錢會花光。 不會為朋友或父母買東西，只想買自己想要的、想吃的。	對金錢的意志－和身邊之人的關係＋拿到零用錢會花光。 照顧身邊所有的朋友並感到開心。

（對錢的意志強度　＋：高　－：低 / 對身邊之人的情感強度　＋：高　－：低）

　　根據孩子對金錢的意志、和身邊之人的關係，可以分為四大類型。

　　第一類型的孩子在收到零用錢後會再三思考，不買不需要的東西、儘可能節省使用，卻願意為了家人打開錢包，這

樣的孩子已經培養出了理想的消費觀念。可以讓他試著了解透過儲蓄拿到利息的樂趣，也可以將過節的零用錢和每個月領到的零用錢區分開來，教孩子投資。我們想培養出來的孩子就是這第一類型。

第二類型是喜歡享受存零用錢的樂趣、卻不想花自己錢的孩子。錢的額度越大，這類型的孩子就會越努力存零用錢。要是這樣的孩子不願意花自己存的錢，反而耍賴要求父母幫自己買想買的東西，就必須明確告訴孩子不可以這麼做。假如小時候沒有學到這點，長大後就會變成白吃別人一百天也不願回請一頓飯的吝嗇鬼。要告訴孩子，零用錢可以拿來買自己需要的東西，也是能用來照顧別人的資源。這類型的孩子很適合透過「捐贈活動」讓他們有所體會。

第三類型的孩子，具有會亂花零用錢、只懂得照顧自己的特點。這類型的孩子主要會把零用錢都花在自己想要、想吃的東西上。小女生可能會用來買自己喜歡的東西，從小髮夾、文具用品、貼紙、到藝人的貼圖等等。

而大部分的小男生則會用來買一次性的東西，像是吃的、遊戲道具或是組裝玩具等等。一拿到零用錢就跑去買自己想要的東西、把錢花光，每每等到真正需要用錢的時候就因為沒有錢而向父母哭鬧的孩子，都屬於這類型。小時候還有機會可以透過教育改正孩子的習慣，萬一長大成人還是不

斷重蹈覆轍這樣的經濟生活模式，便很難避免淪為袋鼠族。應該要教導孩子合理消費方法，讓他到了獨立的時期得以擁有自主的能力。

　　最後來看第四類型的孩子，他們不僅喜歡花零用錢在自己身上，也願意為別人付出。這類型的孩子身邊有很多朋友，學校放學或補習班下課後，通常都會和朋友們一起吃個冰淇淋或路邊攤。當然，大部分都是這類型孩子付的錢。一起愉快地吃喝玩樂固然好，但也有需要仔細觀察的地方。例如：孩子是不是總是幫一起上學的朋友買單、是不是擔心如果不買東西給朋友，對方就不願意一起玩。如果是這樣的話，就等於是用錢來取悅對方。對這類型的孩子來說，應該教導他：無條件地一味給予並不表示很有能力，雙方相處上的平等、感覺更重要。也要告訴他，朋友間的關係不是用錢買來的。

　　那麼現在家長們心裡對於每個孩子看待金錢的意志、和身邊之人的關係等方面，都掌握了大概的面貌了嗎？

　　最終，我們是要透過零用錢教育，讓孩子擁有正確存錢、花錢的理財觀念。為此，即使是一點點錢也要讓孩子自己管理、學習責任感，讓他懂得透過理想的消費方式獲得幸福感。方法，就是透過零用錢這筆具有教育性質的費用。

在孩子各個年齡階段
應該給多少零用錢？

孩子的零用錢要給多少才不會太多也不會太少呢？

我們先來看一下關於零用錢的統計數據。韓國保健福祉部*進行《2018 兒童綜合實況調查》，在「兒童零用錢支付與否」的項目中，便根據性別、年齡等多種標準劃分兒童零用錢的區間。[1]

調查顯示，6 至 8 歲兒童每個月領取 21670 韓圜（約台幣 555 元），9 至 11 歲兒童每個月領取 26360 韓圜（約台幣 675 元），12 至 17 歲兒童每個月領取 54220 韓圜（約台幣 1390 元）。另外在 6 至 8 歲的兒童中，沒有零用錢的比例佔 77.2%。9 至 11 歲的孩子有零用錢的比例佔 48.9%，要到 12 至 17 歲的孩子，有零用錢的比例才來到 83.3%。從小沒有在成長過程中了解零用錢的使用方法和適當金額的孩子們，在具備經濟觀念這方面必然需要一段很長的時間。

---

*譯註：相當於台灣的衛生福利部。

同時這項調查結果也指出，9 至 17 歲兒童的壓力來源，有 19.3%認為是因為零用錢不夠。由此可知，零用錢已經成為了不能再拖延的課題。此外，9 至 17 歲中有零用錢的兒童認為壓力是零用錢不夠所造成的比例，更來到了 2 倍（40.9%）。這也是為什麼我認為不單只是孩子有沒有零用錢的問題，而是應該要符合各個年齡、年級給孩子適當金額零用錢的原因。

兒童零用錢支付與否

		是（%）	否（%）	總計（人）	零用錢平均（千韓圜）
整體		61.6	38.4	3,169	45.86
兒童性別	男生	62.5	37.5	1,642	48.34
	女生	60.7	39.3	1,527	43.12
兒童年齡	6 至 8 歲	22.8	77.2	656	21.67
	9 至 11 歲	48.9	51.1	841	26.36
	12 至 17 歲	83.3	16.7	1,672	54.22
樣本	一般	61.8	38.2	2,996	46.50
	有零用錢	58.7	41.3	173	34.31
所得階層	低於中所得階層 50%	53.1	46.9	303	34.28
	介於中所得階層 50%～100%	56.7	43.3	1,067	36.93
	介於中所得階層 100%～150%	61.6	38.4	1,298	47.91
	高於中所得階層 150%	78.7	21.3	464	61.28
	未作答	59.0	41.0	37	46.15

		63.3	36.7	1,358	42.95
地區	大型都市	63.3	36.7	1,358	42.95
	中小型都市	60.8	39.2	1,615	48.28
	農漁村	56.3	43.7	195	47.02
家庭結構	雙親	61.7	38.3	2,945	45.33
	單親‧祖孫	60.6	39.4	224	52.96
是否為雙薪家庭	單薪	55.2	44.8	1,543	43.07
	雙薪	68.5	31.5	1,563	48.15
	其他	47.4	52.6	63	43.54

出處：韓國保健福祉部《2018 兒童綜合實況調查》第 511 頁

---

*譯註：韓國所得階層的區分標準，收入低於中所得階層 50％為低所得階層，介於 50％至 150％的為中所得階層，超過 150％的則為高所得階層。（https://post.naver.com/viewer/postView.naver?volumeNo=30007051）

　　以下說明我對國小生零用錢的提案。首先以年級區分，每週的零用錢比該年級的數字多加 1 千韓圜（約台幣 25 元）即可。以一個月 5 週為基準，一年級就是 2 千韓圜×5 週，即 1 萬韓圜；二年級為 3 千韓圜×5 週，即 1 萬 5 千韓圜，是較適當的零用錢金額。

　　三年級起，則建議每兩週或每月發給孩子零用錢。金額由三年級為 4 千韓圜×5 週，即 2 萬韓圜；四年級為 5 千韓圜×5 週，即 2 萬 5 千韓圜；五年級為 6 千韓圜×5 週，即 3 萬韓圜；六年級為 7 千韓圜×5 週，即 3 萬 5 千韓圜。

當然，零用錢金額會根據地區和家庭情況有所不同，不過就像前面提到的那樣，**零用錢太多或太少都會出現問題，所以應該將平均值當作基準。**這裡的零用錢必須排除在衣食住行的基本開銷以外，給孩子單純拿來花用的零用錢。

國小各年級每月基準適用零用錢金額提案

年級	每週適用零用錢	每月（5週）基準零用錢金額總和	適用給付時間間隔
一年級	2千韓圜	1萬韓圜	每週
二年級	3千韓圜	1萬5千韓圜	每週
三年級	4千韓圜	2萬韓圜	每兩週或每月
四年級	5千韓圜	2萬5千韓圜	每兩週或每月
五年級	6千韓圜	3萬韓圜	每兩週或每月
六年級	7千韓圜	3萬5千韓圜	每兩週或每月

換句話說，就是吃完飯後想吃額外的零食、或是除了父母準備的之外還有自己想買的東西、又或是想跟朋友一起逛街買東西等等，這些花費都可以用零用錢支付。放學後要去補習班之前吃的晚餐費，不應該讓孩子用零用錢負擔。基本的食衣住行是要由父母幫忙解決的部分。

另一方面，也**要教孩子將自己的零用錢分別按照儲蓄、消費、投資、捐贈分類，並依序以3：3：3：1的比例分配。**如果原本孩子的零用錢金額很少的話，便無法用上述的方式分配使用。因此，為了可以進行這樣的零用錢教育，建議可

以給孩子足夠的零用錢。假設給孩子 2 萬韓圜的零用錢，那麼首先要存 6 千韓圜，學習儲蓄第一桶金的概念，從其餘的錢撥 6 千韓圜用於投資，再另外撥 6 千韓圜當作純粹的零用錢使用。最後剩下的 2 千韓圜則可以存下來，用來捐給自己想幫助的團體。

這樣的零用錢教育固然有成效，不過最好能先給孩子自由，讓他可以買自己想要的東西。也就是說，零用錢的三分之一可以讓孩子隨意使用，給他練習的機會。只是，也要和孩子約好必須在「零用錢記帳學習存摺」上寫下使用的內容。透過這些記錄，可以讓孩子反省自己的消費習慣，並成為踏板讓孩子邁向更理想的消費方式。

接下來，除了使用金額之外，其餘的錢最好可以引導孩子選擇儲蓄這個方向。對於還不了解投資概念的孩子來說，可以先讓他感受到儲蓄的喜悅。同時也可以讓他親自體驗一下為了自己想要的東西而忍耐並努力存錢、最後才開心獲得的延遲滿足。

最後則是捐款、為別人付出，讓孩子著眼自己→家人→學校→鄰居→國家→世界，慢慢擴大孩子的眼界。換句話說，孩子們第一次捐贈、付出的對象，比起環保團體或生活辛苦的鄰居，不如從為家人著想的方向開始進行。買東西送給養育我的父母和祖父母、為兄弟姐妹準備禮物等，都可以

歸類在這個捐贈的範圍。同時教導孩子，要先懂得愛自己、愛家人，才能真正幫助有需求的人。

假如只是一味地告訴孩子捐贈是好事、讓他盲目地去做的話，孩子們當然不會喜歡，因為這會讓他辛辛苦苦存下來的錢消失。但是，自己第一次捐贈的對象是媽媽，因為這份小小的禮物感到幸福快樂，這就可以讓孩子感受到捐贈的樂趣。只要一步步引導孩子產生想為別人付出的心就可以了。還有，投資最終也要存到種子資金才能進行，所以要帶領孩子在消費、儲蓄、投資之間找到平衡。

大部分的孩子一拿到零用錢就會想把它花光。因此，父母應該給孩子適當的零用錢，並教導孩子管理好零用錢的方法。

另一方面，也可以設計出各種不同的遊戲、活動，讓孩子自己懂得如何讓零用錢變多。在拿到的有限金額內有計劃地使用，利用自己的能力賺更多錢，擁有想幫助別人的心，這才是真正財經素養的第一步。

決定孩子零用錢金額時
需要考慮的地方

在決定零用錢的金額時，需要考慮到孩子的年齡，可以分為國小低年級、中年級，是高年級來評估。因為不僅是孩子的生活圈，連往來的朋友也會不同。國小低年級的話，一週 2 千韓圜到 3 千韓圜就夠了。國小中年級建議每週 4 千韓圜到 5 千韓圜，高年級建議每週 6 千韓圜到 7 千韓圜比較合適。大家可以將這個金額當作平均值，一併考量家庭情況、周圍其他孩子的平均零用錢、居住地區、和孩子的生活圈等，來調整零用錢。

我們再具體了解一下。假如家庭中目前在財務上有困難，一個月提供 2、3 萬韓圜的零用錢負擔太大的話，此時可以一五一十地向孩子說明家裡的經濟狀況。

還有，就算金額很小也還是要給孩子零用錢。哪怕零用錢數目不到朋友的一半，只要向孩子充分說明，孩子也能理解。<u>金額再小也要讓孩子有可以自主規劃使用的錢，才能培</u>

養出孩子的獨立性。

也有些家長因為家境寬裕，所以想給孩子更多的錢。祖父母每次見到孫子的時候，也經常都會給孩子一大筆零用錢，可能是平常零用錢的 5 到 10 倍。**這些不定期的零用錢要和定期的零用錢分開保管**，因為這筆錢的性質比較偏向額外的獎金。如果把這些錢直接交給孩子，他有很高的機率會大手大腳直接把錢花掉。為了向朋友炫耀而使用這筆錢，結果只會出現被嫉妒的副作用。

接著來看居住地區。在邑、面*等地區，實際上藝文活動等資源比較缺乏，會用到零用錢的機會也比住在大型都市裡要少。生活的環境周圍誘惑較少、容易讓人衝動購物的便利商店也沒那麼起眼。有人說每個城市花在零食上的費用都不一樣。像我的孩子在安養市*的時候非常喜歡吃零食，不過到了慶尚北道安東市*的爺爺家之後就幾乎都不吃了。與其說是他們不想吃，不如說是環境讓他們沒辦法吃。因為附近都是一片片的農田，走進田裡滿滿都是蘋果和玉米。

---

*譯註 1：韓國地方行政單位。（https://zh.wikipedia.org/zh-tw/韓國行政區劃）、用於鄉鎮、村落的行政單位。

*譯註 2：韓國京畿道底下的自治市，鄰近首爾。

*譯註 3：韓國慶尚北道的安東市，位於韓國東部，是農業郡的商業中心。

還有，也需要掌握周圍其他孩子零用錢的平均金額。孩子們都知道彼此拿到多少零用錢，對這方面的反應也非常敏感。所以建議可以和孩子聊聊，<u>不管是拿的比同學還要少、還是拿的比同學還要多，孩子都會知道自己的零用錢是太多還是太少。父母可以和孩子一起討論，聽聽他們覺得什麼程度的金額比較剛好。</u>或是跟孩子好朋友的父母見面時，開誠布公地談談彼此給孩子多少零用錢，這也是不錯的方法。這麼一來可以減少孩子對零用錢的不滿，同時可以預防零用錢給太多或太少後續可能會引發的問題。

　　最後一點則是孩子的生活圈。不管怎麼說，整天都在家裡和父母待在一起的孩子，使用零用錢的機會也少；相反地，在雙薪家庭成長、或在補習班待一整天的孩子，花零用錢的機會更頻繁，所以需要多照顧一些。不是給他比其他朋友多三四倍的零用錢，而是用每天多給個 1、2 千韓圜的方式讓他可以買點心來吃。意思就是，如果其他朋友一週拿到 1 萬韓圜的零用錢，給這孩子大約 1 萬 5 千韓圜到 2 萬韓圜左右的零用錢就夠了。如果孩子提出買點心的錢不夠，就需要和孩子充分了解，並根據情況引導孩子自己做出判斷。要是父母不管三七二十一地給孩子很多零用錢，孩子拿到多少就會花掉多少。

　　德國慕尼黑青少年諮詢中心提出，零用錢應該分成三等

分。假設是和父母一起同住的職校學生，他們建議學生收到錢後可以如此使用：三分之一用於家庭生活、三分之一用於儲蓄或生活必需的開銷（例如交通費），其餘的三分之一則可以當作單純的零用錢以應付個人所需。我們第一次給孩子零用錢時，都希望孩子可以知道自己需要的東西，好好規劃之後再做出明智的消費行為。也期盼他之後不只是為了自己，身為家庭的一份子、社會的一份子也能懂得付出，當一個盡到自己義務的正當市民。

為了讓孩子往後可以成為這樣的人，從決定零用錢金額的階段、一直到使用後檢討的階段，最好都可以和孩子充分地進行對話、溝通。唯有如此，才能培養孩子的觀察能力，客觀地看待自己的財務狀況。

透過零用錢記帳存摺
學習金融教育

在現任教師朴正賢（音譯）作者撰寫的《13 歲，開始和我們孩子談論錢的時候》*一書中，其中一章便是「學校不教金錢觀的現況」。這本書的內容指出，金融公司的高階管理人員將「學校」選為最難推行金融教育講座的地方。

也提到很多家長對於在孩子面前談論錢這件事非常不滿，孩子也只有在國中以下的學生會關心並參與，高中以上的學生對於跟大學考試不相干的講座，態度都極度不配合。[2]

我們需要注意的是，孩子從小學到國中為止都願意關心並努力參與講座。雖然我們也希望能在孩子們有意願關心的時期進行適合的金融教育，但就如之前所說的，國小教育課程中涉及理財的部分非常少。

---

*譯註：尚無中譯本。http://www.yes24.com/Product/Goods/89936949

在韓國小學五年級的應用科目中有一單元是「生活資源

的管理」，如果將該單元裡所有關於時間、零用錢管理部分加總起來，時間管理佔了四頁的篇幅、零用錢管理只有兩頁的篇幅就沒了。兩頁已經少得離譜了，而其中「製作屬於自己的零用錢記帳學習存摺」便佔了三分之二，讓人不得不感受到金融教育的缺失。

該單元的學習成就標準（學習後需達到的標準）如下：「了解零用錢管理的必要性，考慮自身的需要和想要並找出合理的消費生活方法，應用到實際生活中。」反推回來，以該單元如此貧瘠的教育內容，絕對無法達到原先設定的學習成就標準。因此，實際上有在寫零用錢記帳學習存摺的孩子很少，堅持持續寫零用錢記帳學習存摺的孩子當然就更少了。只用一部分的隨堂評量來進行反而比較容易。

因此，如何指導孩子們運用零用錢記帳學習存摺呢？可以分為三個階段，首先要理解寫零用錢記帳學習存摺的理由，再來學習方法，最後檢查自己零用錢的使用情況。

近年來比起現金，大家更常刷卡付費，用到銅板的機會就少了很多。在這樣的情況下，還是需要填寫零用錢記帳學習存摺。孩子寫零用錢記帳學習存摺就跟大人寫家計簿一樣，再麻煩也還是要記錄。如果沒有記帳習慣，就會回想「我把這些錢都花在哪裡了？」的瞬間，就會隨意猜想「應該是花在哪裡吧！」就這樣過去。

但如果有記錄，所有的支出明細都會一目了然。即使當下不需要，不過那些因為貪小便宜而花的錢、深夜餓得受不了而訂的夜宵之類的衝動支出都會映入眼簾。只有事實擺在眼前時，人們才會反省自己的消費行為並有所覺悟。孩子們也是一樣的。

接著我們來正式了解一下輕鬆填寫零用錢記帳學習存摺的方法吧！可以利用本書附贈的零用錢記帳學習存摺，也可以選擇在筆記本上簡單地幾條條線。不過以下我提出的零用錢記帳學習存摺填寫方法會更容易一些。

第一步是初期使用，並搭配零用錢記帳學習存摺，現金流量表（cash flow），收入、支出、餘額則分別換成拿到的錢、花掉的錢、剩下的錢，把比較難的用語換成孩子們容易理解的單字。

另外，為了讓孩子了解填寫現金流量表的理由，可以再分出「因為需要而花的錢（need）」和「因為想要而花的錢（want）」這兩欄。大人的家計簿上會根據需要程度分為必需消費、中間消費、衝動消費等 3 個階段。但孩子們通常都傾向於中間消費，所以要區分出必要的和不必要的，最後算出 need 和 want 的總和。

瘋美食・玩廚房・品滋味・樂生活　　尋找專屬自己的味覺所在

追時尚・學穿搭・漸健美・愛瘦身　　打造理想中的魅力自我

好書出版・精銳盡出

台灣廣廈 國際書版集團
Taiwan Mansion Cultural & Creative

BOOK GUIDE

2021 生活情報・秋季號 01

知・識・力・量・大

  瑞麗美人 蘋果屋 APPLE HOUSE

 紙印良品　華茲學苑

＊書籍定價以書本封底條碼為準

地址：中和區中山路2段359巷7號2樓
電話：02-2225-5777*310；105
傳真：02-2225-8052
E-mail：TaiwanMansion@booknews.com.tw
總代理：知遠文化事業有限公司
郵政劃撥：18788328
戶名：台灣廣廈有聲圖書有限公司

輕家事・食安心・快收納・樂育兒　　日常生活中的幸福時光

自癒力・享健康・不老化・遠疾病　　天天打造驚人的自癒奇蹟

輕心理・迷芳療・綠手指・微藝術　　創造屬於自己的美好生活

大人的摺紙書
【附影片QRcode＋全圖解】
一摺就紓壓！從實用的禮物盒、信封袋到可愛小物，
29款用一張紙就能做的迷人紙藝品
作者／Sweet Paper　定價／450元　出版社／蘋果屋

Youtube觀看次數突破1800萬的紙藝家首度出書！選張漂亮的紙，就能完成29款送禮、自用兩相宜的作品！同步提供影片＋超詳細步驟圖解，手拙的你也能摺出成就感和療癒感！

法式刺繡針法全書
204種基礎到進階針法步驟圖解，
從花草、字母到繡出令人怦然心動的專屬作品
作者／朴成熙　定價／480元　出版社／蘋果屋

★部落格瀏覽數破66萬人次！韓國最大網路書店YES24滿分五星好評！★第一本收錄超過200種針法、自學最好用的刺繡書！學會更多技巧，繡出療癒又有質感的精緻圖樣！

【全圖解】初學者の鉤織入門BOOK
只要9種鉤針編織法就能完成
23款實用又可愛的生活小物（附QR code教學影片）
作者／金倫廷　定價／450元　出版社／蘋果屋

韓國各大企業、百貨、手作刊物競相邀約開課與合作，被稱為「鉤織老師們的老師」、人氣NO.1的露西老師，集結多年豐富教學經驗，以初學者角度設計的鉤織基礎書，讓你一邊學習編織技巧，一邊就能做出可愛又實用的風格小物！

植萃手工皂研究室
天然調色香，全家都好用！
草圖設計 × 膚質選擇 × 精油療效 × 配方比例，
自然設計師的39款手作沐浴提案
作者／利理林ririrhim　定價／550元　出版社／蘋果屋

匯集三位自然生活設計師的獨特創意，用「草本、香氛與美感」喚醒現代人對生活的疲乏！簡單又清楚說明「基礎油、香氛精油與天然調色」成分與療效，打造全面的純淨體驗！

真正用得到！基礎縫紉書
手縫 × 機縫 × 刺繡一次學會
在家就能修改衣褲、製作托特包等風格小物
作者／羽田美香、加藤優子　定價／380元　出版社／蘋果屋

專為初學者設計，帶你從零開始熟習材料、打好基礎到精通活用！自己完成各式生活衣物縫補、手作出獨特布料小物。

一般零用錢記帳學習存摺與現金流量表填寫範例比較

（單位：韓圜）

俊率的零用錢記帳學習存摺				
日期	項目	收入	支出	餘額
7/1	剩下的零用錢	1000		1000
7/1	本月的零用錢	5000		6000
7/3	妹妹的生日禮物		3000	3000
7/6	餅乾		1500	1500

（單位：韓圜）

俊率的現金流量表（CASH FLOW）					
日期	1(收入)	2(Need)	3(Want)	拿到或花掉的錢	剩下的錢
7/1	1000			剩下的零用錢 1000	1000
7/1	5000			本週零用錢＋5000	6000
7/3		3000		妹妹的生日禮物－3000	3000
7/6			1500	餅乾－1500	1500
總計	6000	3000	1500		1500

（1：拿到的錢 2：因為需要而花的錢 3：因為想要而花的錢）

從上面的現金流量表來看，數字 1 代表拿到的錢（收入），數字 2 代表因為需要而花的錢（need），數字 3 則代表可以忍、或是不是一定需要花的錢（want）。這是依照生活中重要程度的順序排列的。當然數字 1 的比重最大，其次是數字 2、數字 3，如此才能維持正確的經濟生活。

那麼我們再來看一下表格內容。國小四年級的俊率上個月剩下 1000 韓圜，本週拿到零用錢 5000 韓圜都寫在數字 1

拿到的錢這欄。在數字 2 need 這欄寫了買妹妹的生日禮物支出 3000 韓圜，數字 3 want 這欄則是買餅乾花的錢 1500 韓圜。

---

*譯註：作者孩子的名字。

　　從數字 1 欄位扣掉 2 和 3 之後還剩下 1500 韓圜。接著只要和孩子一起聊聊數字 3 這欄，引導孩子可以檢討、反省即可。在應用科目中雖然把零用錢定義為「沒有特定目的、可以自由使用而給予的錢」，但自由使用和毫無策略的亂花是完全不一樣的。

　　然而也不是因此就要指導孩子要把剩下的錢一律存起來，這也不夠妥當和實際。反而可以試著告訴孩子可以把剩下來的錢捐出去、買自己想看的書、或是存起來買股票等，教導跟投資有關的部分。**提醒大家別忘了，孩子填寫現金流量表跟我們寫家計簿是一樣的，目的都是在花錢之後進行檢視和反省。**

　　假如覺得要執行這種方法時間不夠、程序又複雜的話，以下介紹另一種現金流量表的填寫方式。這是與後面提到的「在銀行建立帳戶」相互連結的內容。首先，建立一個孩子往後存款、提款的帳戶，申請網路銀行、手機銀行，以便即時確認使用金額和利息。此時只需要在父母的手機更動認證

書選擇並確認即可，不會太困難。萬一連這個方法也很難做到，就可以再試試另一個方法。就是把剩下來的零用錢都存進存款帳戶裡。

我也會給孩子零用錢。孩子們用剩的零用錢都會存在存錢筒裡，最短一個禮拜一次、最長一個月一次，他們就會跟我說：「媽媽！請幫我存進銀行。」然後我就會把那筆錢存進我的銀行帳戶裡。我跟孩子們為帳戶分別取了「家裡的幸福俊率」、「錘頭鯊魚」等名字。

現在大兒子上國小六年級，他存的零用錢主要都花在家人的生日和紀念日上。

---

*譯註：韓國二手物品交易網站。

國小二年級的二女兒正在存錢，想買「錘頭鯊魚」的娃娃，目的很明確吧！我隨時都會讓孩子們看存款明細，連銀行給的利息我也會讓他們親眼確認。

有一次，兩個孩子一起幫爺爺做生日蛋糕。我先幫他們付了 4 萬韓圜，兩個孩子拜託我分別從他們的帳戶扣 2 萬韓圜。某天妹妹在賣場纏著我幫他買玩具，我對他說：「現在只存到 3 萬韓圜，沒辦法買耶！還要再存 2 萬韓圜喔！」說完他馬上就不哭鬧了。我不知道原來讓孩子親眼確認過，真的可以讓他這麼確實地管理錢。

哥哥喜歡存錢，懂得看自己存下來的錢；妹妹喜歡花錢，但對花錢也有警覺心。對於兩個對金錢態度傾向不一樣的孩子，這個經濟教育的方法都達到了一定的效果。假如家裡的小孩經常亂花錢，不懂儲蓄的話，一定要試試看這個方法。

如何管理孩子
的壓歲錢？

　　春節連假結束後，隔了好久才碰面的孩子們聚在一起，整間教室不知道有多吵。大家你一言我一語：你收了多少錢、我又收了多少錢……，亂成一團。然後拿到最多壓歲錢的孩子就會開始得意忘形。

　　有一次一個學生說他收到的壓歲錢超過一百萬韓圜，讓我非常驚訝。特別是那些親戚很多、和兄弟姊妹年齡差距很大的小孩、或是整個家族裡只有一個晚輩的獨生子女，每到了節日都會收到相當多的零用錢。

　　在 2021 年春節連假之前，有一份關於壓歲錢多少才適當的問卷調查結果出爐，調查對象是 1164 名國小學生和成人。由校園趣社群發起，問卷調查主題為「【一日問卷調查】國小低年級（一年級～三年級）到大學生的壓歲錢應該是多少」，其中有 55.2% 的成人認為國小低年級（一～三年級）適當的壓歲錢金額為 1 萬韓圜。相反地，在十多歲的受測者中，認為適當的壓歲錢金額為 1 萬韓圜的只有 28.9%。另一

方面，成人受測者回答國小低年級的壓歲錢平均金額為 1 萬 6 千韓圜；十多歲受測者回答的平均金額則為 2 萬 6 千韓圜，兩者相差 1 萬韓圜。[3]

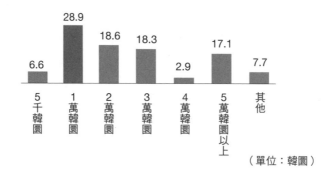

國小低年級壓歲錢的適當金額（十多歲受測者問卷調查結果）

6.6　28.9　18.6　18.3　2.9　17.1　7.7

5千韓圜　1萬韓圜　2萬韓圜　3萬韓圜　4萬韓圜　5萬韓圜以上　其他

（單位：韓圜）

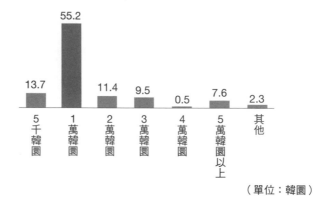

國小低年級壓歲錢的適當金額（成人受測者問卷調查結果）

13.7　55.2　11.4　9.5　0.5　7.6　2.3

5千韓圜　1萬韓圜　2萬韓圜　3萬韓圜　4萬韓圜　5萬韓圜以上　其他

（單位：韓圜）

出處：校園趣 NAVER 版

由此可知，成人和孩子對零用錢的觀點非常不同。所以，要是孩子們收到的金額比自己預期的還要少，可能當下就會表現出失望的反應。祖父母看到孩子的反應，也會以為孩子還小就愛錢如命。為了減少這種誤會，應該要提前告訴孩子節日零用錢的意義。

　　在以前沒有零用錢這個概念的時候，每年一次可以穿新衣、吃美食的春節，是孩子們可以獲得零用錢為數不多的機會。一剛開始壓歲錢的由來是全家人為了紀念家裡的大人平安地度過了冬天、並迎接新年到來而準備的，這時會彼此問候、拜年，也會跟大家一起分享祭祀完的食物、向前來問候的人說祝福的吉祥話。壓歲錢的金額當然是由大人們決定的，所以要教孩子不要當場就和其他親戚比較壓歲錢的多寡、做出這麼沒禮貌的舉動。

　　只是，要是大人們到現在還是只給孩子們 1 千韓圜的話，就需要提醒他們一下，因為最近的 1 千韓圜連一包餅乾都買不到。在韓國民間信仰中有一位「業神*」，意思是「守護家財之神」。我們上一代的大人們都會侍奉業神，努力想守住財物。「業神」這單字與現在大家熟知的、把別人視為微不足道的「輕視*」意義完全不同。就如同兩個世代對於同樣的單字有不同的認知，

　　處在中間世代的我們應該同時理解上一代和下一代，發揮縮小世代隔閡的作用。

　　如果把金額比較大的壓歲錢和定期發的零用錢算在一起，孩子就會感到混亂。**不僅是壓歲錢會讓孩子混亂，連大人不定時發零用錢也會造成影響，會讓孩子覺得自己之前的計劃和儲蓄都變得毫無意義。因此，這種不定期的零用錢務必要存入其他存摺。**很多孩子都說，把壓歲錢交給父母保管之後就拿不回來了，所以他們只要從大人手上收到零用錢都不會想存起來，而是會立刻跑去買之前一直想要的東西。這樣的處理方式會讓孩子同時失去錢和對父母的信任。

　　可以把孩子的壓歲錢收起來，另存在一個帳戶裡、讓存款透明化，孩子當下就可以看到存款。運用這個方法，可以讓孩子不失去儲蓄的樂趣以及對父母的信任。

　　我小時候會用錢學數學。我爸爸會叫原本沒有數字概念的我坐下來，在桌子上擺滿不同大小的幣值，花五個小時的時間教我數學。

　　在這之前，我只會跟媽媽要 100 韓圜，自從那天起我從 10 韓圜開始，學會了 100 韓圜、1000 韓圜、和 1 萬韓圜；也學到了正確計算多少錢的方法，學到往後不需要再另外學的

程度。

這樣學習後，我對錢產生了欲望。

有天我在首爾的外婆和親戚家過完春節後準備回家。如果是平常的話，我應該會把壓歲錢交給媽媽，但那天在回家的路上，我把所有錢都放進我的福袋*裡就上了公車。因為學會了算數，知道這是多大的錢，所以不願意交出去。

在公車行駛的途中，我突然想親眼確認一下自己到底有多少錢，於是把韓服福袋裡的紙鈔掏出來算，結果錢瞬間從打開的窗戶飛走了。真的只是一眨眼，身上帶的錢全都不翼而飛，想到這筆到頭來還是飛走的錢，我對錢的欲望一下子都消失了。當時跟錢一起消失的還有我對錢的在乎與關心，沒想到長大成人後這會成為我的大問題。你們很好奇當時我幾歲會這麼想吧？當時的我只有八歲大，現在回想起來都覺得不可思議。

幸虧我自己為人父母後，情況有了改變，因為我想教導孩子，避免遇到像我一樣讓錢白白飛走的經驗。孩子們在過節的時候收到零用錢，會交給我保管。我收到這筆錢後，就會匯入孩子們的定存帳戶裡。這時我會留下記錄，像是「2020 年大姑給的壓歲錢」、「2020 年外婆給的零用錢」等等，方便未來可以記得。有人建議我可以把這筆錢放入 CMA（Cash Management Accounts，資金管理帳戶），收取銀行發

的一點利息或用孩子的名義投資股票和基金。我知道這個方法，那為什麼我卻還是選擇把錢存到定存帳戶呢？其實是因為這樣就沒辦法隨意把錢領出來。因為我覺得金額越大，我的欲望就越強；當 10 萬韓圜變成 100 萬韓圜、1000 萬韓圜，我可能就會一直想拿來補貼緊縮的生活費。

這是我個人的方法，大家可以用孩子的名義做投資，也可以像我一樣把錢存起來。**最重要的是，要徹底地將這些錢和定期零用錢區分開來**，意思就是不能造成孩子長期計劃的混亂。雖然是一大筆錢，但意外之財容易糊裡糊塗用到一點也不剩，所以希望孩子們可以不要嘗到這種遺憾的滋味。

孩子們收到的節日零用錢，並不是父母可以隨意使用的額外津貼，是祖父母比任何人都更疼愛孫子而傳達的心意。是明明想常常跟孫子見面，又怕頻頻造訪會帶來負擔，於是忍了很久才在節日表達的一份愛。除此之外，壓歲錢也是舅舅和姑姑給侄子的愛。儘管大家都為了照顧自己的家庭而忙碌，也知道自家收到壓歲錢馬上又得包回去，但大家還是會準備這一份小小的誠意。

定期的零用錢只需要父母給的就夠了，其他孩子在過節時拿到的零用錢、不定期的零用錢都一定要保管好。等孩子未來長大之後，看著存摺裡的明細就會知道原來有這麼多的親人愛著自己，感到欣慰與滿足。請用愛的角度留下錢的記

錄吧！

---

*譯註：韓國早期在新年時，大家都會穿著繫上福袋的韓服拜訪親戚，並把拜
年得到的紅包錢塞進福袋中。（https://www.creatrip.com/
blog/762）

因為零用錢而出現的
校園霸凌案件

　　我作為負責處理校園霸凌的負責人，在學校致力在各個面向推行校園霸凌防制教育，然而還是時不時會收到一些令人遺憾的案件。這個案例發生在好幾年前學期剛開始的時候，兩個孩子曾經是彼此很要好的朋友，後來卻成了校園霸凌事件中對立的加害者和受害者。

　　関俊（化名）和秀燦（化名）兩人是關係非常好的朋友。関俊成長於雙薪家庭，學校放學到爸媽下班之前都會待在補習班。関俊的父母下班時間很晚，又擔心孩子在補習班上課時會肚子餓，所以都會幫関俊準備充足的零用錢，但関俊需要的金額卻逐漸增加。

　　関俊的媽媽雖然疑惑「這個年紀的孩子本來就會花這麼多錢嗎？」，但是出於無法親自幫孩子準備餐點的愧疚，也就給孩子越來越多的零用錢。偶爾碰到補習班停課，或學期初、學期末學校提早一兩個小時放學時，関俊都會打電話給

父母，父母除了心裡著急也只能放著孩子，對閔俊的歉意也越來越深。不過後來閔俊和秀燦變熟之後，兩個人就會相約一起去公園的遊樂場或是秀燦家玩，閔俊也不再打電話催媽媽來接他。閔俊媽媽懷著感激的心情，交代閔俊要買點心給朋友，也給閔俊更多零用錢。加上看到秀燦的媽媽也會在家陪孩子，感覺就像是把孩子託付給他們家照顧，閔俊媽媽心裡感到放心、感激，又有點羨慕。

秀燦是轉學生，原本家裡也是雙薪家庭，不過秀燦轉學之後父母擔心孩子不適應新學校，而且秀燦除了過敏還對很多東西挑食，身高比同年紀的其他同學矮小，父母也怕孩子被欺負。秀燦的媽媽自己覺得一直以來都沒有把小孩照顧好，最後決定把工作辭了，全心陪伴孩子。為了給秀燦一個新環境，所以全家搬到學區很好的社區，某天，原先總是一個人的秀燦說自己有了一個好朋友，媽媽滿心感謝，不僅心裡的大石頭終於放下，眼淚也差點流了下來。媽媽囑咐秀燦：「有空的話就帶朋友來家裡玩啊！媽媽會幫你們準備點心的。」於是秀燦真的把朋友帶回家，他的朋友就是閔俊。

秀燦和閔俊經常在秀燦家玩。兩個孩子玩在一起的時候，秀燦媽媽怕打擾他們，連房門都沒有打開過。秀燦媽媽曾經在哪裡看過，有人建議父母可以留空間給孩子們，所以她都會到外面去。而且秀燦媽媽是為了孩子辭掉工作，所以

有時也會突然很想回到職場，畢竟在家準備三餐、幫孩子做點心也不是件容易的事。秀燦的媽媽其實很羨慕閔俊的媽媽可以在外工作。

不過兩個如此合得來的孩子，後來卻成了校園霸凌案件的加害者和受害者相對而坐。到底發生了什麼事情，我們先來聽聽雙方父母的說法。

閔俊的父母說，閔俊從某個時候開始便提出提高零用錢的要求，原本每個禮拜給他 2 萬韓圜，不過孩子越要越多、父母也越給越多，不知不覺變成了一週 5 萬韓圜，連這樣孩子也經常說不夠、繼續要更多。閔俊的父母其它沒有認識的家長，所以沒辦法確認現在的孩子是不是真的需要那麼多錢，於是孩子說要、父母就給，後來才知道那筆錢都被秀燦拿走了。

秀燦總是會說「分我吃一口」、拜託閔俊分零食給他吃，也會請閔俊買各式各樣的東西，秀燦看上的東西也越來越貴。如果閔俊不幫忙買，秀燦就會鬧脾氣、不跟閔俊玩，閔俊只好拿著跟爸媽要來的零用錢幫忙買。兩個孩子待在房間裡的時候都用手機玩遊戲，閔俊的父母表示秀燦的遊戲裝備也全部都是閔俊買給他的。

閔俊還曾經買了 5 萬韓圜的遊戲裝備當禮物送給秀燦，閔俊父母覺得這明明就是校園霸凌。閔俊的父母覺得這種時

候秀燦的父母連通道歉的電話都沒打，實在氣人。而且秀燦的父母反而說秀燦才是受害者，這個做賊喊抓賊的行徑讓他們覺得相當荒謬。明明是閔俊的錢被搶走，秀燦怎麼可能會是受害者？

秀燦的父母也很生氣。秀燦媽媽只覺得她幫兩個孩子準備好吃的點心，為了讓他們玩得開心還特別挪出家裡的空間給他用，結果閔俊卻讓天真的秀燦沉迷於手機遊戲，總是讓秀燦看些有的沒的。本來就因為秀燦過敏的緣故，所以秀燦媽媽總是幫他們準備對身體好的食物，忙進忙出、累得要死，可是閔俊卻天天買便利商店裡的速食點心，讓秀燦父母也對閔俊十分不滿。

結果現在秀燦只是要了一口零食，就被說是威脅同學？以前乖巧懂事的小孩突然開始說髒話、沉迷遊戲，還會瞪父母、吵著說要買遊戲裝備，都是閔俊把秀燦帶壞了，居然還說閔俊是校園霸凌的受害者？怎麼可能！秀燦的父母出於這些原因，認為根本沒有必要向閔俊道歉，反而主張秀燦才是受害者。

我們不能只單聽父母的說法，來看看孩子們到底是怎麼想的。

閔俊不喜歡爸爸媽媽一直都很忙，雖然說他們是為了閔俊好，但是真正有需要的時候卻都不在身邊，閔俊一直覺得

很寂寞。他不想回家、也不想去補習班,只能在附近閒逛,去便利商店是他唯一的樂趣。不過光是買個飯糰、飲料,加一碗泡麵就要 5 千韓圜(約台幣 128 元),所以父母給的零用錢總是不夠。

就算沒回家也沒關係,只要有 WiFi 在哪裡都可以玩遊戲。儘管閔俊五年級了,一個人待在家裡也會害怕。他想在遊戲裡越玩越厲害,但是不儲值就辦不到,武器輸別人一大截怎麼可能贏呢?所以他跟父母撒嬌,拿到了儲值遊戲的零用錢,而且剛好奶奶週末來家裡時也給了閔俊很多零用錢。與其打電話告訴爸爸媽媽自己很害怕,倒不如一個人玩遊戲,這樣更開心。

後來和秀燦變親近之後,閔俊就不覺得孤單了。

本來秀燦一吃零食就會被媽媽罵,於是閔俊就把自己在便利商店買的東西分一半給秀燦吃,秀燦也很喜歡吃,覺得這些比家裡準備的更好吃。兩個人想一起買、一起吃,可是秀燦說家裡不會給他零用錢。因為秀燦媽媽會把需要用到的東西通通買好、天天準備三餐,還跟秀燦說:你需要什麼零用錢?所以秀燦每次都會拜託閔俊把東西分他一口。而且秀燦也需要遊戲裝備、他家裡又不會給他零用錢,於是閔俊就用自己的錢買來送秀燦。

對秀燦來說,媽媽一整天都陪在身邊是一件壓力很大的

事。上了五年級之後就想自己一個人嘗試各種事情，結果媽媽卻突然說要辭職回家。有媽媽照顧是很好，可是那些對身體好的正餐和點心都不好吃，秀燦根本不想吃。秀燦聽說自己會對雞蛋過敏，但他想吃麵包、也想吃餅乾，卻一個都不能吃，所以有時候就會瞬間覺得生氣。雖然秀燦想自己偷偷買來吃，不過媽媽不給零用錢，只是一直買不會用到的文具用品……，反正到學校再免費送給別人就好了。要是跟媽媽說可能會讓媽媽傷心，乾脆就不說了。想吃什麼零食就從閔俊那裡分來吃就好了，也沒什麼。

閔俊和秀燦並沒有像大人們想像中的那樣，有計劃、有組織性地欺負彼此。起初單純只是一個零用錢充足的孩子幫沒有零用錢的孩子買東西而已，只不過隨著次數越來越頻繁，大人們開始罵人，小孩因為不想被罵才互相找藉口罷了。在這之前，如果父母能夠適時介入、了解孩子零用錢的狀況，想必事情走向會好得多。

如果孩子們像閔俊和秀燦一樣彼此關係很親近，這時父母最好也能夠彼此聯絡。可以針對孩子彼此很要好的這點表達謝意，也可以提到家長自己在教養孩子過程中的難處和愧疚、跟孩子之間的主要相處模式是什麼、有沒有給零用錢……等等，透過這些對話內容彼此了解、調整教養方式，就能減少互相傷害、互相指責，減少被校園霸凌的機會。

孩子們會害怕，好不容易碰到合得來的朋友，真的很開心；媽媽卻非常生氣、爸爸還說要請律師，好像真的失去了這個朋友。孩子們現在只想彼此和解、重新好好相處，但不知道還能不能實現這個願望。兩個孩子想繼續天天都可以在同一間教室裡當同學、下課時間一起玩，可是這些好像都被禁止了。（實際上聘任律師後，被推定是校園霸凌受害者、加害者的孩子在下課時間、午餐時間還是可以一起玩。）

那麼秀燦和閔俊後來怎麼樣了呢？真的請律師來處理這起校園霸凌案件嗎？沒有，這個案子最後以最輕微的書面道歉收場。因為兩個孩子都說對方是自己最珍貴的朋友，雙方父母也不願意處罰孩子。而且實際上調出便利商店拍到的監視錄影畫面中，兩個孩子是開心地一起分享一碗泡麵。還好最後整件事只被當作偶發事件結案。

假如真的需要處罰和教育孩子，可以透過校園霸凌自治委員會的會議下達處置方針，在孩子做出更嚴重的不良行為之前加以預防。

我在負責處理校園霸凌事件的過程中，也因為這些問題取得了校園霸凌預防輔導師的資格證書。然而一想到這起因為零用錢的問題而發生的案件時，心裡還是有點沮喪。其實只要了解孩子需要多少零用錢、給予適當的零用錢金額，之後再教孩子管理零用錢的方法，就可以預防這類型的校園霸

凌事件。

　　此外，為了避免發生這樣的問題，可以每週或每個月確認一次孩子的零用錢記帳學習存摺（現金流量表），掌握孩子的開銷。要是孩子用了相較於年齡來說更大的金額，就需要多加注意，並檢查孩子是否把錢用在必要的地方。對於錢，家人之間的溝通和持續的經濟教育非常重要。

　　萬一直認為孩子自己會知道怎麼花錢，不僅會發生秀燦和閔俊一樣的偶發狀況，還有可能衍生出因為朋友之間搶錢等嚴重的校園霸凌事件。因此，父母應該要在出現問題之前有所察覺並適當地介入。

猶太人在世界各地的金融、IT、電影、媒體、醫療、法律、諮詢顧問等各個領域都有著巨大影響力的民族。他們藉由《塔木德》這部經典傳承智慧和信仰，也透過讓學生之間分組相互提問、辯論的「哈柏露塔」學習法教育下一代。

　　《塔木德》裡有一條教導便是：「不教年幼的子女做生意，就是把子女培養成小偷。」也就是說，從小就應該要對金錢有積極正向的觀念，努力教導孩子如何才能成為金錢的主人，而不是金錢的奴隸。

　　猶太人賺錢的目的不僅僅是為了自己而已，賺錢也是為了為自己的民族及更大的共同體奉獻，所有人都會準備收入的三分之一用於捐款。他們教導孩子從小就要對時間和數字有足夠的敏感度，沒有正當的理由就不給零用錢；也會檢視孩子填寫的零用錢記帳學習存摺，讓孩子觀察物價的上下浮動和支出明細，不斷交換意見討論計劃和實際支出的差異會出現在哪裡。

　　微軟的比爾・蓋茲（Bill Gates）、世界級投資專家華倫・巴菲特（Warren Buffett）、亞馬遜的傑夫・貝佐斯（Jeff Bezos）、Facebook 的馬克・祖克柏（Mark Zuckerberg）、谷歌的賴利・佩吉（Larry Page）、戴爾電腦的麥可・戴爾（Michael Dell）……等眾多世界知名的企業創辦人中，猶太人所佔的比例非常高。我認為正是出於他們從小時候開始就接受金錢教育的基礎。

　　韓國的平均智商指數和國際學生能力評量計畫（Programme for International Student Assessment，PISA）比猶太人更高；而且教育環境、以及對教育的關心程度也絲毫不遜色於猶太人，

當朋友們想拿走孩子的零用錢時

　　我們唯一錯過的就是早期金融教育。我們可以和孩子分享日常生活中發生的變化，並結合經濟、智慧，藉此培養孩子的觀察力。不是太過遠大的主題也無妨。可以藉由像是「為什麼雨下很大，蔬菜價格就會上漲？」這類的問題和討論，自然而然地關注經濟議題、熟悉經濟的架構。

猶太人的成年禮

　　猶太人成長到了 13 歲就會舉行成年禮（Bar Mitzvah, Bat Mitzvah），字面上的意思是「誡命之子、誡命之女」。孩子要能流暢地背誦妥拉（Torah，聖經律法書），這也是家人和親戚為孩子準備一生中最有意義、最盛大的活動。孩子在成年禮上一般會收到三種禮物，就是聖經、手錶、和禮金。以禮金為例，所有參加者都會捐贈約 20 萬韓圜，這時一般會籌集到 3 千萬韓圜到 5 千萬韓圜的資金。父母會將這筆錢用存款或購買債券的方式保管，並在孩子可以獨立的 18 歲時還給孩子，作為他的第一桶金。這樣可以幫助孩子擺脫一開始邁入社會生活就要賺錢維持生計的壓迫感，也能讓孩子探索創業等各種不同的發展方向，因此格外具有重要意義。

Q 班上同學好像都在覬覦孩子的零用錢

A 天啊……身為父母應該很難過吧！擔心孩子的零用錢被同學搶走嗎？這種情況屬於勒索行為，是校園霸凌事件的一種，所以一定要跟孩子確認。現在孩子指的是同學一直叫他買東西給大家吃，而且只有自己的孩子單方面花了更多的錢，對嗎？

Q 嗯，沒錯。老師，好像都只有我的孩子在付錢。

A 事實上，無論金額多少，只要是單方面一直支出，就有必要確認。先不要訓斥孩子或嚇唬孩子，而是要了解他到底花了多少錢、這種事情是第幾次發生。

因為有時候跟朋友見面，對方可能會忘了帶錢出門。假如是一兩次的話，的確有可能發生，所以孩子可以幫朋友出錢；不過要是經常這樣，這種關係就會固定下來。所以孩子跟朋友見面的時候，最好可以事先決定好費用再見面。

如果是國小低年級的學生，與其拿錢讓孩子自己買來吃，不如直接準備好簡單的零食讓孩子可以跟朋友分享。

因為對於這個年齡階段的孩子來說，分享的經驗更為重要。從國小 3 年級開始，就應該要懂得跟朋友協調，彼此約定：「我出1000 韓圜，你也出 1000 韓圜吧！」有些小朋友會說：「這次是

我買的，你欠我 1000 韓圜，下次記得還我。」不過調整成：「這次是我買的，下次換你買喔！」會更好。

特別要注意的是，孩子到了高年級去網咖或投幣式 KTV 玩的時候要支付的使用費。還有，萬一消費金額越來越大，父母也需要提高警覺。此外也建議父母事前要徹底教導孩子們如何分攤付款。

最後還需要觀察孩子們彼此在交換東西時，有沒有發生以下這些情況。例如，即使對方不願意，有些孩子也會把自己的東西強迫塞給他，小的時候可能只是貼紙或畫片*，長大之後可能就會變成錢。也有很多孩子沒有跟朋友之間建立起互相交流的關係，就算給出自己的東西，也只是等待被朋友一瞬間的關注。這樣的關係是持續不了多久的，終究還是會因為物質而再次感到孤單。

假設一直反覆出現這種情況，孩子到了國小高年級之後就會靠買東西送朋友來討對方歡心、或為了挫對方的銳氣而亂花錢。這不僅對雙方都不好，還可能有衍生出校園霸凌問題的風險。

因此，最好的方法就是孩子在和朋友見面時別讓他帶錢，而是帶一些零食跟朋友一起分享。除了零食之外，如果要去需要花錢的地方玩，例如：網咖，就各自帶自己要用的錢。萬一一起玩的朋友沒有帶錢出來，就不應該去網咖，可以轉移陣地到不需要用到錢的公園遊樂場玩。要是孩子總是幫朋友付錢，或反過來總是吃喝朋友的、流連於網咖，等孩子長大成人後可能會引發更大的問題。

---

*譯註：畫片是一種韓國兒童遊戲。

Chapter

3

升級篇

引導孩子存下零用錢之後，
更要教他怎麼有效管理

在低利率時代也要
教孩子儲蓄的理由

距今 50 年前，也就是 1971 年，首爾信託銀行（現韓亞銀行）的存款利率為 25.2%。如果在當時存了 1 千萬韓圜（約台幣 25 萬 6 千元），那麼相當於每年都可以獲得 252 萬韓圜（約台幣 6 萬 5 千元）的利息。當時只要好好存錢就能成為富翁，我們的父母那一輩親身經歷過當代的儲蓄力量，這也是為什麼他們不斷強調儲蓄重要的原因。

到了最近變得怎麼樣呢？截至 2021 年 7 月，韓國銀行的基準利率為 0.5%，創下歷史新低。假設存了 1 千萬韓圜，每年只能拿到 5 萬韓圜（*約台幣 1300 元）的利息。2020 年初韓亞銀行推出利息 5%的存款方案，當時從一大早便出現大排長龍的等待隊伍立刻成為熱門話題，甚至出現在新聞報導中，因為這是非常罕見的高利息商品。現在光靠儲蓄很難成為富翁，由於存款利率比物價上漲的幅度還要低，所以實際上只是把錢存起來反而會蒙受損失。

儘管如此，為什麼我們還是要教孩子們儲蓄呢？很簡單，是為了養成他們儲蓄的習慣。同時教育孩子，讓他們不要看到需要的東西就想先用信用卡分期付款購買之後再還錢，也避免他們對這類的消費方式產生興趣。近來有越來越多的消費模仿的行為*，而信用卡分期付款則是一種相當危險的消費習慣。**因此，當有想要的東西時，首先應該要培養存錢的耐力。藉由儲蓄行為建立孩子的習慣，讓孩子學習計畫並對未來做準備，這些也會成為孩子自我管理的技術。**

　　這就是即使利率再低，我們也要教導孩子儲蓄的理由。另外，所有的經濟生活都是從存錢開始的，就像想投資就要先存第一桶金一樣。沒有存錢就開始投資的人，和用自己儲蓄的現金投資的人，兩者的持久力本身就不同。消費也一樣，用全額分期付款方式買下 5 千萬韓圜（約台幣 128 萬元）汽車的人、和先用存款支付 3 千萬韓圜（約台幣 77 萬元）後再分期付款的人，兩者的生活品質必然會有所不同。儲蓄是可以以防萬一、即使遇到危險也不會輕易動搖的寶貴資產。

---

*譯註：消費模仿行為是指當消費者對他人的消費行為認可並羨慕、向往時，便會產生仿效和重複他人行為的傾向，從而形成消費模仿。（https://www.easyatm.com.tw/wiki/消費模仿）

據說美國某個財團家裡會給孩子 3 個存錢桶，他們把存錢桶分為美元、人民幣、日幣，費心讓孩子從小成長時就開始理解世界資金的流向。即使是家裡是大財團，他們也會讓孩子自己存錢買想要的東西。這個財團家庭想要給孩子的並不是錢本身，而是透過儲蓄獲得的習慣和態度。

　　現代人可能經常會覺得錢就只是「存摺上的數字」而已，因為不用經過我們的手也可以存款、提款，不需要親手數算就可以利用數字確認。

　　相對地，我們這一代有摸過硬幣、紙鈔，也有把零錢存進存錢桶的經驗，所以知道錢長得什麼樣子。就像現在的孩子即使看到有話筒和數字按鈕的舊式電話也不知道那是電話一樣，我們應該及早幫助我們的孩子親自觸摸硬幣、紙鈔的存在，並累積儲蓄的經驗。讓孩子親身體驗每分錢叮叮咚咚落入存錢桶的感覺。

---

*譯註：依台灣銀行最新公告新臺幣存(放)款牌告利率，定期儲蓄存款利率一
　　　年約 1.225%
資料來源：https://rate.bot.com.tw/twd?Lang=zh-TW

把零用錢花得
有價值的方法

　　我們給孩子零用錢的目的，就是要讓孩子可以自主判斷、適當地花錢，進而引導孩子懂得規劃儲蓄和消費。假如孩子一拿到零用錢就毫無意義地隨意花費的話，家長就不會想再給零用錢了。好，這裡父母認為的「毫無意義」指的有哪些呢？

　　跟大家分享一個我小時候的故事。自從我發現媽媽和客人聊天是最能拿到零用錢的好時機之後，每次我都會趁這時候喊：「媽媽，給我 100 韓圜（約台幣 2.5 元）！」因為媽媽要和客人對話，就會趕快塞給我 100 韓圜，我拿著那 100 韓圜就會直接到超市買泡泡糖。泡泡糖剛嚼下去的瞬間會感受到甜甜、軟軟的滋味，但我也會忍不住一直吞下去。一整條 100 韓圜的泡泡總是這樣就被我吃掉了。

　　後來有一天我拿到了 2000 韓圜的鉅款，我用那筆錢一口氣買了整箱裝的 10 韓圜泡泡糖。回到家我不斷地又嚼又吃了

好幾十個，認為自己非常幸福。但是沒過多久，我就覺得難受到喘不過氣來，彷彿從肚子到喉嚨都黏上了滿滿的泡泡糖。這種不適感讓我十分痛苦，甚至急切地向上天祈禱：「只要您救了我，從今以後我不會再把錢花在泡泡糖上了。」當天發生的事至今還歷歷在目，這個回憶是我毫無意義花掉零用錢的經典案例。由於這份強烈的記憶，現在我最捨不得把錢花在那些對身體不好的零食上。

如果你想讓孩子不必經歷這種被泡泡糖黏到喉嚨的慘事，也能懂得如何有價值地使用零用錢，就千萬別讓孩子有機會纏著父母說：「給我 100 韓圜、給我 100 韓圜。」換句話說，就是要<u>定期給孩子零用錢</u>。

美國的富豪洛克菲勒（Rockefeller）家族會定期給孩子零用錢，並要求孩子記錄使用明細，做到像現金收支簿一樣準確。因為把零用錢花在哪裡，跟花了多少錢一樣重要。同樣的道理，我們也需要檢視孩子會在哪些東西上花很多零用錢。要是孩子太喜歡吃零食該怎麼辦？本來最近的物價就高，孩子光是買幾樣零食來吃，零用錢很快就會見底。

若想預防這種情況發生，在給孩子零用錢時，最好能同時幫孩子區分零用錢的用途。例如，對身體不好的零食、或製作品質很差的小玩具……等，這些跟健康息息相關的東西要加以限制。可以定下一週一次、或一個月一次的頻率定期

檢查。**如果想吃零食，就要讓孩子存錢買好一點的來吃；如果想買玩具，就要讓孩子買可以玩較長時間的東西。請透過充分的對話溝通說服孩子，並積極幫助他可以用相同的錢擁有更具價值的經驗。**

從小就培養出孩子控制消費對象的能力，等他長大成人後也就沒有什麼需要擔心的了。然而，假如在小時候沒有接受過訓練的情況下成為社會新鮮人，很難管控突然流入的一大筆錢。別說捐款，連月薪也不懂的如何有價值地使用，很容易陷入為了還信用卡費掙扎的生活。

萬一孩子覺得 1 萬韓圜（約台幣 256 元）的零用錢很少，請告訴他韓國 2021 年的最低時薪只有 8720 韓圜（約台幣 223 元*）。他們需要知道哥哥、姐姐們拿著最低時薪，為了生活費、學費、儲蓄而努力生活。假如他們了解勞動的價值、了解錢的價值，孩子也很難隨便花零用錢。我們能做的就是讓他們有計劃地管理自己的零用錢、學習使用的方法，與此同時也能感受到快樂。

更進一步的話，可以引導孩子用自己的零用錢幫助別人，並因此感到幸福，那麼孩子就會認為自己是有價值的人。管理零用錢也是一個能幫孩子培養出自尊心的好方法。

---

*編註：根據台灣最新政策，將於明年（2023 年）基本工資月薪調至26400元，時薪調至176元。

教導孩子賺取額外
零用錢的方法

　　據說在美國感受夏天到來的時候，就是在街上看到「檸檬水攤位（lemonade stand）」的時候。檸檬水攤位是指孩子們為了賺零用錢，自己製作檸檬水在路上擺攤銷售。甚至有的小孩子利用週末販賣檸檬水，並用賺來的錢幫助家境困難的朋友。

　　也有小孩子規劃一個月的行程籌措父母的醫藥費。了解這層含意的大人們會支付巨資買下這些孩子們的檸檬水。透過購買物品支付代價的捐款形式，同時具有提高孩子自主程度的正向效果。

　　進一步從經濟的觀點來看，孩子們在檸檬水攤位下規劃銷售計劃、購買材料、設定適當的售價、執行銷售活動，同時間也會學習到生產過程的一般知識，可以算是間接體驗企業的一個過程。當然還有經歷嘗試錯誤之後，學習重新設定利潤比例、展開行銷活動、提供適合的服務等方法。最後一

步則是將賺來的錢捐贈到有意義的地方，體驗運用金錢的良性循環。

只要給孩子像設立檸檬水攤位一樣的機會，他們就能盡情發揮企業家的能力。然而令人遺憾的是，我們總是以學習能力評價孩子。因此，被冠上沒有「學習頭腦」的孩子，不得不在面對只要求念書的學校和補習班感到厭倦。

這樣的孩子假如在班級裡接受到新的刺激，就會發生很大的變化。其實班級裡有時也會舉辦以物易物的交換遊戲或市場遊戲，這時在課堂上經常可以看到原本消極內向的孩子很積極地銷售物品並樂在其中的樣子。

當我心裡一想到這孩子的未來，真的由衷地替他開心。最近韓國也有很多地方試著和孩子們一起推行「檸檬水日」，是件令人高興的事。

我們應該讓孩子們有機會可以增加自己的零用錢，而我會選擇的方法就是獎勵和稱讚。獎勵是用零用錢支付「孩子親自做事」的辛勞，最具代表性的例子就是在孩子幫助做家事的時候給他零用錢。在國外，如果孩子幫忙修剪草坪、掃雪或打掃車庫，父母就會給孩子錢作為他付出勞力的代價。

相反地，我們大部分的家事都由媽媽全權負責。但問題是，因為這些辛苦的家事而突如其來的疲憊和煩躁，也都會原封不動地轉移到孩子身上。所以建議在這種情況發生之

前，就和孩子一起分擔家事。

國小低年級的孩子，可以讓他幫忙整理鞋櫃、疊衣服；國小高年級的孩子，則可以讓他幫忙洗碗、跑腿、用吸塵器、洗室內拖鞋、資源回收分類……等，能做的事也會變多。（我不會讓他們做像是端熱湯、或燙衣服等等的家事，擔心可能會造成嚴重事故，供大家參考。）

在開始之前，可以先和孩子一起決定做家事的獎勵金額，做完家事後就要立刻結算、發給孩子零用錢。此時千萬不要延遲而跟孩子說以後再給，也不要說「你做得不夠乾淨俐落，所以我不給你零用錢」跟孩子討價還價。最好的方法是提前告訴孩子我們期待的最低要求。

例如只是說「把襪子摺好」，孩子不會知道要做到什麼標準。要仔細教孩子摺襪子的方法和每個家人收襪子的地方。要是能把家事的內容做成說明書、用照片的方式呈現，需要嘮叨的頻率就會減少很多。

實際上在校園讓孩子打掃教室的時間，我稱它為「5分鐘打掃時間」。我會利用照片向孩子詳細說明應該要打掃哪裡、怎麼打掃、以及打掃每個座位的順序是什麼。

倘若想要讓孩子幫忙做家事並給予他獎勵時，可以選擇立刻給孩子家裡準備好的零錢；或是在當下給孩子獎勵貼紙，以每週為單位發給孩子跟貼紙數量相對應的零用錢，這

也是很好的方法。如此一來，孩子就會知道付出勞力能夠替自己增加零用錢。

另一個方法是**利用稱讚來增加零用錢。當孩子在學校拿到 100 分、或每項功課都被稱讚「好棒」時，有些家庭也會給孩子零用錢。有些家庭則是在孩子拿到獎狀後，根據每張獎狀給予孩子一定金額的零用錢。**

對於這種獎勵方法眾說紛紜，有人批評這樣的方法會讓孩子在內心真正成長之前先習慣外在的獎勵方式，導致孩子不會真心地想要付出努力。以實際面來看，對某些孩子而言這個方法的確是行得通的；相反地，也有某些孩子因為具備了充分的內在動機而不需要用到這種方法。

因此，我認為要根據孩子的狀況來決定執行方式才正確。能有多少孩子可以自己領悟到學習的真諦呢？只要先提供給孩子多種不同的獎勵方式，再找出其中最適合的就可以了。以我們家為例，孩子拿到「好棒」的評語或獎狀的當天、鋼琴課開始學習徹爾尼（Czerny）下一章節的當天、或是英語級數提高的當天我都會給予稱讚，在家裡舉辦「炸雞日」。其實即使不是在這些日子裡也可以買炸雞，不過我刻意挑這個時候並取名為炸雞日，感覺更具紀念意義、也能讓孩子更印象深刻。

除此之外，如果孩子自己主動寫完評量本，我就會按照

評量的售價給予獎勵。孩子遠遠超前學習進度，在那段期間省下了一些補習費時，我也會用錢獎勵他們。

由於後者的金額很大，我不會當作個人零用錢給他們，而是會存入孩子的帳戶或股票帳戶，在存錢的當下跟孩子分享。「這是你自己賺的錢喔！本來這些錢是媽媽要拿來花的，不過因為你很努力，所以賺到了這筆錢，我幫你存起來吧！」孩子們都十分高興。

最後一個方法是父母購買孩子製作的內容。例如：我會把孩子用樂器或鋼琴演奏的錄音檔當作手機鈴聲，並支付1000韓圜的使用費。只要我的手機鈴聲響起，孩子們都會像聽到自己創做的歌曲一樣非常開心，然後更加努力地練習。生日當天也能賺零用錢，他們的生日禮物金額我定在3萬到5萬韓圜之間，不管孩子買什麼我都會幫忙付相對應的金額。假如他們沒有立刻想買的東西，就會先存起來增加零用錢，之後再規劃去買自己需要的東西。

像這樣透過各種不同的方式給予獎勵和稱讚，可以提供孩子為自己賺取零用錢的機會。另外像是用不到的東西或書，也可以整理出來拿到義賣會或二手交易網站上出售，賺取零用錢。

重點是讓孩子知道想增加零用錢可以透過非常多元的方式達成。這麼一來，孩子心裡就會產生自主性、努力去做有

生產價值的事，同時也明白付出勞力的重要性、以及父母流汗賺來的錢有多珍貴。

開設孩子銀行帳戶
和管理的方法

　　在開設孩子的銀行帳戶時，身為法定代理人的父母需要幫忙準備文件。雖然大部分的人都會直接用大人的存摺來代替，但**我還是建議用孩子的名字幫他們開設帳戶。如果擁有自己名字的帳戶，孩子就會對銀行產生親近感並感到滿足。**事實上，在我們班級裡也有很多孩子自豪地告訴我：「老師，我的存摺裡有多少錢喔！」學生之間也會談論彼此存摺裡有多少錢，就像炫耀節日裡收到的零用錢一樣。這可以幫助孩子累積對金錢的責任感，也能鼓勵他們想存更多的錢。

　　《女人的習慣*》一書的作者鄭恩吉（音譯），在國中時期第一次在銀行開設帳戶。從那之後她的父母就開始將零用錢匯進他的帳戶裡，自然而然地為她打下了管理錢的基礎。

---

*譯註：尚無中譯本。（http://www.yes24.com/Product/Goods/9215605）

　　她提到，把錢匯進戶頭之後要領錢的那瞬間會讓她很煩

惱，因為不想打破自己的「完美數字」。所以把提領的金額從 20 萬韓圜、10 萬韓圜，努力降到 0，也自然而然地開始懂得省錢，享受帳戶裡數字一天比一天多的樂趣。[2] 何不讓孩子們也試著感受一下這種完美數字的快樂呢？

如果想幫未滿 14 歲的子女開設銀行帳戶，父母至少要空出一次的時間。**建議第一次開設子女帳戶時，陪孩子一起累積經驗。假如不能陪孩子一起去，就需要準備證明關係的文件。都已經一起到銀行開設帳戶的話，如果可以順便開設股票帳戶、和網路銀行就更好了***。

在台灣，未滿 20 歲之未成年人開戶，可請法定代理人雙方攜帶雙方的身分證及印鑑共同前往銀行辦理，孩子可不必前來。若孩子未滿 14 歲可憑戶口名簿或戶籍謄本及第二證明文件（如，健保卡、學生證、護照等）及孩子的印鑑，臺幣存款之開戶最低金額為 NT$ 1,000 元。

孩子的第一個印章建議不要用太小的木刻印章，挑選未來成年後也可以繼續使用的印章比較好。若是以提前刻印鑑的角度考量，製作 3 萬韓圜到 5 萬韓圜之間的優質印章也是不錯的選擇。以我為例，我將孩子們的臍帶製作了臍帶印章，孩子們都覺得別具意義。

---

*編註：申辦帳戶規定，請詳見各銀行公告為主。

在銀行開設帳戶時，要同時申請網路銀行。當然，雖然可以透過網路銀行直接確認帳戶，不過陪孩子定期到銀行刷存摺會更好。要是在存摺封面寫上目標的話，每次刷存摺時都可以親眼確認目標，有幫助達成目標的效果。

我打算把之前用過的存摺都收藏起來，等未來孩子們成年後當作禮物送給他們。希望藉由這份記錄讓他們可以回顧自己的成長過程，並對自己感到驕傲。如何？是不是現在就想立刻幫孩子開設帳戶呢？

引導孩子使用
零用錢的規定

　　一到父母節*的那個禮拜，家長的頭像裡都充滿了從孩子那裡收到的信件、康乃馨和禮物。這個時候課堂上每個孩子都會提出各式各樣不同的點子，有的孩子想把自己存的零用錢拿來買康乃馨、有個孩子則想準備父母喜歡的小禮物。有堂課我讓小朋友試著畫出想送給爸爸媽媽的禮物，他們畫出了汽車、房子、戒指……，這些等他們賺了大錢之後想送給父母的東西。

　　其中也有小朋友什麼都畫不出來。他們不知道爸爸媽媽喜歡什麼、也不敢想像自己會有能力送給父母什麼。一般來說，要是沒有錢的時候就會思考自己能做到的事，比如說按摩、打掃、做紙康乃馨之類的。

---

*譯註：5 月 8 日為韓國的「父母節」，是韓國一年中為了特別感謝父母而設
　　立的節日。

然後，如果自己以後有錢了，就可以幫媽媽買喜歡的髮夾、或是買爸爸喜歡喝的飲料。在這些孩子的腦海中，現在可以為家人花零用錢，以後長大也就懂得把工作後得到的工資用在家人身上。

　　經濟教育應該在孩子跟父母建立起緊密紐帶關係的基礎上進行。光是教導孩子經濟知識，很難將孩子培養成長輩心目中理想的好市民。幾個月前我在報紙上看到一則報導，標題寫著「『偷偷拿，媽媽也不知道』……奶奶的存摺成了家人的提款機」，我感到很難過。報導內容是子女們搶奪年老父母的錢和信用卡，未經同意就領取存款、抵押房地產來貸款等的經濟掠奪行為。最後，老奶奶連 100 萬韓圜的月租保證金都被一掃而空，卻無法起訴子女，沒有任何地方可以去。[4]

　　環顧我們周圍，有些人有錢可以去旅行，卻沒有錢給父母零用；有些人即使生活過得再好，也有不願意幫助自己的兄弟姊妹。因為錢的問題，最終輸掉親情的家庭也不在少數（這裡不包含總是闖禍、把家裡財產都花光而彼此爭執的家庭。）

　　經濟觀念應該從「自己」開始逐漸擴展到對家人和周圍的付出，為此要讓孩子從小就懂得感恩。不能認為「因為是父母，所有事都應該要幫我做」，而是要了解「父母為了維

持生活付出多少努力，忍住了自己想做的事而為我付出」。

有一次隔壁鄰居對我說：「我婆婆他們家幫忙總是只幫一半，要給的話就全部都給啊！」比起感謝，他話裡更多的是埋怨，我聽完只覺得無話可說。人對得不到的遺憾，往往大於對得到的感謝，這讓我想起了看水杯的兩個觀點。一個是「杯子裡還有一半的水」，一個是「杯子裡只剩一半的水了」。

假如各位的子女從小就喜歡付出，就必須教導他懂得一邊照顧自己，一邊為身旁的人付出。避免他們在為了家人犧牲奉獻一切之後，卻突然在某個瞬間感到空虛，甚至有被背叛的感覺。因為這也是我自己曾經感受過的心情面對這樣的孩子，請告訴他們一定要把部分的零用錢用在自己身上，這麼做是可以的。

反過來說，也有些孩子看到想要的東西，就認為無論如何一定要拿到手他們才甘心。面對這樣的孩子，則必須教導他們要懂得把自己的東西分享出去。同時也要告訴他們：「人即使想擁有一切也不可能做到、爸爸媽媽為了照顧你而忍著不去追求自己想要的東西、你自己有能力時也要照顧身旁的人」……等等。別讓孩子太理所當然地收下他得到的東西，否則他就不會珍惜自己得到的東西，反而只會對得不到的東西感到遺憾而埋怨。如果父母認為：「他長大成人之後

應該會自己醒悟吧！」

　　那麼也許到那時候，對孩子說的話就會變成：「為什麼你拿到工資，連一次都不曾拿錢給爸爸媽媽？」

　　孩子小時候在家人生日的時候寫卡片、送禮物，幫忙買家裡需要的東西時，建議父母可以補貼一些零用錢給孩子。正如之前已經提到很多次的那樣，存錢買禮物送家人的行為是創造儲蓄習慣的最好動機。藉此引導孩子成為懂得為家人付出、願意花零用錢的孩子吧！

深度學習 國外經濟教育案例❷德國、法國

　　經濟教育做得最好的國家應該非德國莫屬，而在德國實行的「德式金錢教育法」更是成為了熱門話題。幾年前韓國出版了芭芭拉・凱特爾－羅默（Barbara Kettl-Römer）所寫的《國小一年級，開始經濟教育的年齡˚》一書，書中呈現了德國社會對金錢的觀點和教育方法達到多高程度的系統化。德國相當強調獨立自主和責任感，而這項哲學也反映在經濟教育中。[5]

　　在德國，孩子到了 4 歲就會開始學習經濟觀念。慕尼黑青少年諮詢中心發行的零用錢手冊指出，若到孩子 9 歲之前都固定以一週為單位提供零用錢的話，就能讓孩子了解零用錢的重要性。孩子可以開始和父母一起去跳蚤市場，也有另外專門為孩子開設的跳蚤市場。如此一來，孩子便能自然而然地學到經濟觀念及如何精打細算。在孩子 10 歲之後，就可以改以月為單位發放零用錢，讓孩子仔細地學習管理方法。

　　就像這樣，德國的地方政府也會告訴家長們小孩在各年齡階段適合的零用錢標準。另一方面，德國原則上禁止雇用童工。不過，如果在不妨礙孩子健康和成長的情況下，除了上學時間、晚上 6 點到早上 8 點之外，小孩從 13 歲開始就可以在父母的同意下打工，每天最多 3 小時。因此從這個年齡開始，他們就有機會可以學著自己賺零用錢，練習經濟獨立。

德國經濟教育的目標是想培養出具備合理消費能力的市民，因此在孩子的教育課程規劃中，消費教育也被另外列入指定科目。孩子們過了國小時期之後，就會根據跟老師和父母協商的內容決定自己的未來。

德國的中學*大致分為高級文理中學（Gymnasium），類似職業學校的實科中學（Ｒｅａｌｓｃｈｕｌｅ）、及基礎職業中學（Ｈａｕｐｔｓｃｈｕｌｅ），最後類似綜合中學兩者兼具的社區學校（Gemeintschule）。孩子進入職業學校體系的學校後，會先接受 4 到 5 年的教育再開始實習，而進入高級文理中學後，也可以依照個人願意轉學到職業學校。

德國不僅擁有經常被並稱為「德國三雄」的 BMW、賓士、奧迪，還有包括漢高（Hankel）在內的生活用品公司、知名啤酒公司、原木玩具公司……等經營時間相當長遠的眾多企業。從這些擁有專業技術能力，結合職業教育打造而成的世界知名品牌中，有許多值得我們學習的地方。另外，他們從小便自然地開始接觸經濟教育、學習合理消費及儲蓄方式的教育方式，也足以成為我們學習的模範。

法國國旗上的藍色、白色、紅色分別象徵著自由、平等與博愛。他們在強調自由的同時，也具備了正確教養孩子的高度意識，因此法國對子女的教育非常嚴格，這點眾所皆知。因為會對他人造成傷害的自由並不是真正的自由。

在法國，父母為了培養孩子的自主性，在孩子熟悉叉子的使用方法之後就不會再餵孩子吃東西。至於在家庭聚會上，大人會跟大

人一起、孩子會跟孩子一起度過聚會時間。換句話說，他們十分重視培養孩子的自主性，讓孩子有能力可以自己解決自己的問題。以自豪聞名的法國國民，他們自信的泉源是來自於法國教育。

我曾經看過一部描寫法國親子教養的紀錄片。父母早上叫醒孩子，要上幼稚園的孩子從房間裡出來後，自己穿衣服、刷牙，準備上學。從小朋友懂得自動自發做該做的事、以及遵守規則的這些事上可以看出來，法國的教育十分嚴格。在法國很特別的是，父母會用銀行轉帳的方式給孩子零用錢，並讓他使用金融卡（debit card）。如果使用的是信用卡就無法留下記錄，因此為了教育孩子在用錢的同時承擔相對的責任，父母選擇讓孩子使用金融卡。

換句話說，從孩子小時候直到完全脫離父母獨立之前，他們會讓孩子在整體的生活中培養控制力和獨立性。

在電子雜誌《國外教育動向》「法國經濟（金融資訊理解能力）教育現狀*」一文中指出，法國教育部從 2016 年開始便積極參與並支持學校內的金融與經濟教育。[6] 法國政府站在國家戰略的層面上廣納各方建議，認為法國國民的確需要金融教育，因此也提出要在學校教育課程中增設金融教育和經濟教育等相關內容。可以說當前法國學校的金融、經濟教育還處於起步的階段。

雖然起步較晚，但以國家立場努力提升全體國民的金融、經濟教育資訊理解能力，再結合法國父母穩固的教育哲學和經濟觀念，在這樣的基礎之上可以預期所達成的目標和效果都會相當顯著。

*譯註1：原書名為《So erziehen Sie Ihre Kinder im Umgang mit Geld》，
　　　　2010 年出版；韓譯本則為 2014 年出版。（https://www.amazon.de/
　　　　erziehen-Ihre-Kinder-Umgang-Geld/dp/3898795136）

*譯註2：參考 https://global.udn.com/global_vision/story/8664/5833310。

如果父母沒有時間去銀行，怎麼辦？

Q 因為我們家是**雙薪家庭**，連要去一次銀行都很難抽空，該怎麼辦？

A 沒錯。即使是家庭主婦，想去趟銀行也必須下定決心排除萬難，如果是雙薪家庭的話，更是難抽出時間吧！我也一樣，想要去銀行的話，只能趁中午就放學的時候提早下班趕過去，才有辦法在銀行關門之前抵達，一般來說很難做到。

即使如此，正如前面提過的，還是有必要到銀行辦理孩子的存款帳戶、股票帳戶，未來也會方便得多。只要申請了網路銀行，之後沒有經常親自跑銀行，也可以輕鬆管理孩子的帳戶。

透過網路簡單處理固然好，不過第一次開設孩子的銀行帳戶時還是要親自到銀行一趟。建議在去銀行之前先準備好文件，並將辦理帳戶業務的資料填寫完整。另外，部分銀行還可以利用應用程式（APP）提前抽取號碼牌，如此一來就能大幅節省等待時間，利用午餐時間或請半天假到銀行就能完成。

從經濟教育的角度出發，如果想和孩子一起到銀行辦理，建議先安排好行程再行動。既然已經到了銀行，儘量一次處理多一點事

情。如果要存硬幣，請務必確認銀行的可以存取硬幣日子*，以免要再多跑一次。（台灣有相對應的 ATM 可以存硬幣）

大家到了銀行的話，我推薦大家購買地區愛心商品券。新冠病毒（COVID-19）疫情以來，自營作業者經營的生意持續低迷，地方政府為了促進經濟，便發行了商品券類型的貨幣。雖然每個地區不盡相同，但一般來說每人每月可以用 5% 到 10% 的折扣購買 20 萬至 60 萬韓圜（約台幣 5128 至 15384 元）不等的商品券。假如四人家庭購買 50 萬韓圜的商品券，至少可以省下 3 萬韓圜到 5 萬韓圜（約台幣 769 至 1282 元）的生活費，同時還可以挽救社區的商圈景氣。因為這類商品券只在銀行販售，建議可以在去銀行的時候順便購買。

這就像在社區裡東西時可以提早享受 5% 到 10% 的折扣一樣，相當值得嘗試。在農曆新年和中秋節之前 Onnuri 商品券*有 10% 的折扣，如果能提前用現金買到的話，相信各位也會覺得抽空去趟銀行是正確的選擇。各位可以參考韓國行政安全部經營的「我的家鄉通知」網站，裡面詳細介紹了全國各地區的愛心商品券，能為大家帶來很大的幫助。[7]

---

*譯註1：大多韓國銀行會有特定可以收取硬幣存款時間，而且事前要先將硬幣進行分類。（https://blog.naver.com/consu/222595183918）

*譯註2：為了振興韓國傳統市場，韓國發行 onnuri 商品券（온누리상품권），可當現金使用。全國 200 多家傳統市場和地下/上街等皆可使用。（類似台灣於 2021 年發行的振興五倍券）

Chapter
4
應用篇

分享家中經濟狀況，讓孩子學會思考開銷的意義與金錢分配的重要

需要與孩子談到
家計狀況的理由

以前，會讓我們產生相對剝奪感的事情並不像現在那麼多。因為大家維持生活的樣子很相似，每個長假出去玩的地方也差不多。但現在已經不是這樣了。在社群軟體上經常可以看到人們去國外旅行、在高級飯店度假、享受昂貴的食物以及買各式各樣的名牌。看到這些可能會在我們心裡激起漣漪：「我也想要！我也想過那種生活！」

我也會這樣嗎？當然！我也有我想要的東西，也有想盡情享受的時候。但是因為我知道自己的經濟狀況，所以不會被牽著鼻子走。我可以清楚區分：那是他們的人生，這是我的人生。但是孩子們不會這麼想，當他們看到其他朋友擁有的東西時，就會覺得「我也想要」。

最近就整個社會上的氛圍來說，多數家長會為了不讓孩子比別人差、鼓勵他們想做什麼就做什麼，但我卻強烈反對。我認識的人當中，有人為了讓孩子在學校不感到畏縮、

拚了命地賺錢養家。這些家長努力送孩子上補習班、課外輔導，所以他們也召集了好幾個同學組成小團體，一起參加課外輔導。他們幫孩子準備的東西、從鞋子到衣服幾乎都是名牌，因為想讓孩子看起來有個「很不錯」的家庭。

然而實際上自己的經濟狀況卻難以承擔，因此難免會感到吃力，總是發生補習費要延遲繳交、為了做給別人看而只上一兩個月的課程就不了了之等等，也有很多人是報名後沒多久就申請退款。明明現實狀況是經商失敗、家道中落，需要向親戚伸手借錢，卻因為不想讓孩子感到洩氣、自卑而拚命給孩子一切資源。如果孩子以後知道了這件事，會怎麼想呢？

當孩子知道：「媽媽為了不讓我感到自卑，常常請我朋友吃飯，還帶我去高級咖啡廳」，你覺得他會很感謝嗎？當然天下沒有父母希望看到孩子洩氣或畏縮，可是就長遠來看，正確認識自己家裡的經濟狀況對孩子是更好的。

假如孩子正確了解經濟狀況，對兩方面有利。<u>第一是能了解機會成本，並懂得盡全力做好自己的事。要是孩子沒有正確了解經濟狀況，就不會知道要從自己可以選擇的東西中考量機會成本。</u>

我們來舉個例子吧！父母勒緊腰帶貸款，好不容易才把孩子送去語言進修班，孩子進了語言進修班後卻說想改成去

留學。原本以為只要上完一到兩年的語言進修課程，就能累積孩子的英語實力，但孩子卻說，語言進修班的大部分同學都要去留學，所以他也毫不猶豫地想走一樣的路。我們必須要思考的是，這種結果究竟是不是對整個家庭最好的選擇？

另外，這情形也會導致孩子把自己享受的東西視為理所當然、忘記在生活中心懷感謝。有些準考生因為家裡經濟困難，要一邊打工、一邊上補習班。他們和那些覺得父母可以輕鬆繳交補習費的人，兩者對錢的看法本身就不同。

沒有正視家庭經濟狀況、給孩子過度的支援，只會對孩子產生負面影響。尤其是那些以投資孩子為名義欠的債務，到最後也會原封不動地留給子女。

<u>告訴孩子家庭狀況時，注意不要拿別人家和自己家的經濟狀況作比較。還有，萬一過於詳細地告訴孩子所有的財務狀況或是隨口抱怨，可能會讓孩子陷入憂慮之中，所以也要避免使用這種方法。</u>

可以說：「我們家的情況是這樣，所以往後這樣花錢吧！」用聊天的方式提及就行了。只是要讓孩子對於目前父母努力賺錢維持的經濟狀況心懷感激，並針對如何讓我們家在未來的生活過得更富足這些方面彼此討論、交換意見。

這麼一來，孩子也會對如何有效使用自己的零用錢產生好奇心，這時就能自然而然地聊到儲蓄、貸款、消費、投資

等內容，形成一個良性循環。唯有充分且有效的對話，才能引導孩子養成正確的經濟習慣。

一定要告訴孩子
家裡的收入嗎？

　　當孩子聽到某某 YouTuber 一個月可以賺 1000 萬韓圜（約台幣 25 萬 6 千元）、某某藝人僅僅花一年的時間就償還了 10 億多韓圜（約台幣 2564 萬元以上）的債務……，在孩子們的想像中就會以為爸爸媽媽也能賺到差不多的金額。實際上詢問孩子們父母月薪是多少的時候，國小低年級的孩子會回答 100 萬韓圜，國學高年級的孩子則會回答 1000 萬韓圜。因為父母都會告訴孩子不用擔心錢，所以孩子說的就是他們知道的最大金額。

　　如果孩子突然問起父母的收入，我們應該怎麼回答呢？要如實告訴他嗎？要是無緣無故地告訴孩子，結果孩子在外面說：「我爸爸一個月賺○○萬韓圜。」到處跟別人比較怎麼辦？想必會有父母擔心這些問題。

　　我當老師的月薪是大約 300 萬韓圜（約台幣 7 萬 7 千元）左右，年資 18 年，一年年薪大約落在 6 千萬韓圜（約台

幣 154 萬元）左右，其中包含績效獎金、節日休假費、及各種津貼（班導師津貼、處長津貼），這份年薪會分成 12 個月領取。大家都知道老師在寒暑假的時候沒有薪水，所以我們其實是統計一年的年薪後再均分到 12 個月中。我大概在大兒子國小三年級的時候告訴他我的年薪。當然我沒有詳細說明裡面的明細，只告訴他：爸爸媽媽每天早上出去工作到晚上回家，就只能賺到這麼多錢。所以當孩子想買任天堂 Switch 和遊戲儲值卡的時候，我也會把這些價格跟我一天的收入做比較後告訴他們。還有，也需要把父母月薪每個月的固定支出費用（保險費、貸款、管理費、電話費等）、孩子補習費、和給長輩的孝親費告訴孩子。

孩子知道原來家庭生活有發生這麼多需要支出的地方時，肯定會嚇一跳。像我的大兒子就跟我說，爸爸媽媽這麼辛苦賺來的錢，花在補習費上太可惜了，想要趕快把課上完就不要上了。如此一來我便不需要對孩子說：「這是我們付出多少辛勞才賺來的錢，你只能這樣、不能那樣」之類的話。

換句話說，**告訴孩子收入情形比單純告訴他們數字更有意義。這可以幫助他們體會到父母為了分配收入、維持生活所做的努力和奉獻。**此外，當家裡需要更多的支出時，還可以一起討論增加收入的方法，或是共同找出可以減少家裡支出的地方。

正如前面所說的，不需要告訴國小的孩子太詳細的薪水明細，避免孩子拿這些資訊跟同齡人之間比較父母的薪水。在進行經濟教育時需要經常留意這部分，**別讓孩子單單用錢的金額來評價別人**。

假如不方便向孩子公開準確的收入金額，讓孩子看幾家企業的平均年薪也是一個很好的辦法。以 2021 年 4 月為準，我整理出了位於首都圈主要地區的各企業平均年薪。

在說明各個職業類別的平均年薪時，有個需要注意的部分。有很多人因為不單單只滿足於進入職場，而選擇在穩定的薪資條件下持續開發自己的才能，最後獲得第二種職業（斜槓）、或被其他地方重金挖角。有些人的起薪雖然少，卻會隨著時間推移獲得幾倍到幾十倍的增長幅度。因此，一定要幫孩子建立不同職場的月薪和終身教育的觀念。

韓國首都圈主要企業的平均年薪

（單位：萬韓圜/年）

公司名稱	平均年薪	平均工作年資	公司名稱	平均年薪	平均工作年資
SK 能源	12,100	20.99	三星重工業	7,500	17.3
SK 綜合化學	11,700	19.63	LIG NEX1 武器開發	8,400	13.1
現代集團	8,600	9.7	NAVER 入口網	10,247	5.77
現代海上保險公司	8900	14.1	韓文和電腦	7300	7.1
GS 零售	5,100	6.6	KT 通訊	8800	21.6
GS 石油公司	10,380	15.2	不倒翁食品企業	4,300	9.1
浦項鋼鐵	9800	19.1	伊歐科技	5980	8.2

出處：金融監督院電子公告系統[1]

從列表可以看出，位於產業重鎮——光化門的 SK 集團和現代集團的平均年薪相當高。而江南地區雖然到處都有中小型規模的醫院，但是除了列表上的 GS 集團和浦項鋼鐵（POSCO）集團之外，該地區沒有其他更具代表性的大企業，因此平均年薪看起來不及產業重鎮的薪資。不過之後將有整形外科和皮膚科醫院大規模進駐，預計該地區的平均年薪會高出更多。

　　我們再來看看最近韓國小學生的夢想職場——IT 企業吧！隨著韓華 Techwin、三星重工業、LIG NEX1 武器開發等R&D（研究開發）中心入駐韓國板橋科技谷，實現了製造企業與 IT 企業的均衡發展。儘管如此，這個地區的平均年薪還是比光化門一帶的大企業低。接著來看我居住的安養地區，這裡有全國知名的不倒翁食品企業，平均年薪為 4300 萬韓圜（約台幣 110 萬元），而比較陌生的伊歐科技（EO TECHNICS）平均年薪則為 5980 萬韓圜（約台幣 153 萬元）。伊歐科技是利用雷射技術製造工程設備的中小型企業，要是孩子對於雷射技術感到好奇，可以告訴他相關的企業和平均年薪，作為選擇職業時的參考。

　　倘若孩子詢問爸爸媽媽的年薪，從現在起不要含糊其辭，明確地告訴他吧！可參考台灣行政院主計總處——薪資平臺網站等，陪孩子一起了解各種不同的工作和職場年薪。

不要只是告訴孩子：「考上好大學就能找到好工作」這種老生常談，而是要讓孩子看到自己夢想工作能賺取的準確年薪數字，幫助孩子制訂具體的目標。當然，不能光以平均年薪來評價一份工作，不過建議還是可以一併告訴孩子一份工作能賺那麼多錢是有原因的。例如，高專業度的工作需要有相關證書才能勝任，而在取得證照之前必須花費很長的時間念書、準備，所以相對才能獲得那麼高的報酬。這樣也能幫助孩子更具體地了解自己夢想中的工作。

同時也務必告訴孩子，並不是賺很多錢的工作、住在很昂貴的房子裡就是最好的。要持續關注孩子的心態，不要讓他們把錢當成最好的，或認為有一份很賺錢的工作、住在昂貴的地段就是最好的。例如，有人為了衝高影片的點閱率不擇手段，甚至用違法的方式進行直播，這絕對不是我們該羨慕的對象，反而是該防範的對象。反過來說，也要讓孩子了解一個人在找到工作之前所付出的努力和正當方式，就能獲得與之相符的年薪。唯有如此，孩子才不會陷入對有錢人錯誤的認識或偏見，而是能以不失衡的角度看待世界。

有一款桌上遊戲叫做《人生之旅*》，非常受孩子歡迎。在這個遊戲中，從一開始就要選擇自己的工作，先決定是要選有大學畢業證書才能做的職業，還是選沒有畢業證書也能做的職業。有些工作起初月薪雖然少，但薪資會持續成長；

有些工作則是從一開始就可以拿到很多薪水。還有一些可以實現夢想的工作，是必須先經過薪水少得離譜的第一階段，才能逐漸邁向薪水呈現等比級數成長的第三階段。我們不會知道哪一個是正確答案。但我們應該告訴孩子這世界上有很多種職業，不要強迫孩子只走某一條路。前面我提出來的資料也只是告訴大家其中一個職業相關的內容而已。因此，我們自己也應該要好好培養看待年薪、房子、車子的正確觀點，否則孩子們看到父母都只從表面給予評價時，就會有樣學樣。

與此同時，由於新冠病毒（COVID-19）的侵襲，使得第四次工業革命更快速地來到了我們身邊，第四次工業革命指的是藉由資訊通訊技術（ICT）的融合實現的新一代工業革命。也許我們現在正提前體驗 2030 年即將面臨的未來。

假如按照這種趨勢發展下去，到我們的孩子進入職場時，現在「最具未來展望的工作」可能會成為社會上「最有人氣的工作」。

---

*譯註：韓國版本直譯為「人生逆轉」，繁體中文版名稱則為《人生之旅》。
（https://news.gamme.com.tw/1581611）

這場革命的核心在於大數據分析、人工智慧、機器人工程、物聯網、無人運輸工具（無人機、無人車）、3D 列印機、奈米技術等七大領域所進行的新技術革新。[2] 因此，<u>在孩子選擇未來的工作時，應該引導他們將焦點放在未來發展的核心上，而不是現在的年薪。</u>

　　根據提供多種出路職業相關資料的韓國「出路資訊就業網」的資料，未來職業大致可以定義為 49 種（如右頁列表）。

　　俗話說：「十年河東，十年河西。」十年之間江山就會變遷，我們看到這裡就能真切地感受到，光是憑著我們二十年前選擇工作的眼光是無法把適合的工作推薦給孩子的。現在不僅是工作的種類繁多，讓人意想不到的專業工作也越來越多。如果想從孩子的角度介紹、讓他們更容易理解的話，我相當推薦 MBC 電視台裡介紹各種職業的《Dream Junior》節目。[3] 實際上在《Dream Junior》中還針對未來有發展潛力的職業進行深度報導。節目用有趣的方式介紹了穿戴式裝置（將穿戴在身上的眼鏡、手錶、衣服等物品結合 IT 技術並加以運用）的專家、寵物相關產業和工作、航空卓越產業和利用了尖端技術的犯罪科學、人工智慧及物聯網、機器人相關工作等多種職業。教育孩子時也可以陪孩子一起收看這個節目，幫助他們可以更輕鬆有趣地探索未來職業。

韓國統計 49 類未來職業

編號	職業	工作內容
1	昆蟲飲食開發、調理人員	負責開發人類未來食物的工作
2	大數據專家	分析大數據，進而發現新事物並預測未來趨勢
3	海洋能源技術員	在海洋中提取電力資源
4	長者專業看護	負責年長者的健康管理
5	無人機內容專家	利用無人機設計各種不同的內容項目
6	文化內容專家	設計各種不同的文化內容項目
7	體育心理諮商人員	照顧運動員的心理健康
8	新再生能源專家	從大自然中尋找能拯救地球的友善能源
9	遊戲節目製作人	負責製作遊戲節目企劃
10	旅遊企劃人員	找出新的旅遊地點、開發旅遊商品
11	UX（User Experience）設計顧問	設計並提供網頁及應用程式使用者便利的體驗
12	無人機專家	不僅提供遠距拍攝功能，也提供運輸功能
13	自媒體內容製作者（創作者）	將自己想表達的東西製作成影片內容
14	海洋休閒專家	設計可以在海上進行的休閒活動
15	角色設計師	設計動畫、漫畫、遊戲、商品等主要角色
16	網路聲譽管理者	在網路世界樹立良好形象，協助解決問題
17	智慧災難管理專家	利用人工智慧機器，執行有效的災難應變措施
18	遊戲企劃人員	設計任何人都可以輕鬆享受的遊戲
19	虛擬實境專家	透過 IT 技術和設計，將想像中的世界化為現實
20	智慧電網（Smart Grid）工程師	負責高效生產及消費昂貴電力
21	健康管理顧問	幫助人們建立體系化的健康管理系統

22	城市再生專家	為古老的城市注入嶄新的生命力
23	氣候變遷應對專家	預測氣候變遷趨勢並提出因應對策
24	物聯網專家	將所有事物連結至網路，創造嶄新價值與服務
25	數位經理人（curator）	在網路上搜尋自己想要的資訊
26	人工智慧專家	開發擁有自主思考及推論能力的計算機系統
27	機器人倫理學家	為人類制訂機器人必須遵守的行為規範
28	生物醫藥開發專家	利用從生命體中取得的物質開發治療人類的藥物
29	機器人工程師	設計出可以在所有領域代替人工的機器人
30	寵物訓練、諮商師	協助改正寵物的問題行為
31	醫療器械開發專家	設計和開發醫療儀器，增進患者健康
32	全像（hologram）專家	利用光線製作出如魔術般的 3D 立體影像
33	老年規劃人員	協助規劃、設計健康幸福的老後生活
34	生命工程學家	研究生物體的現象和原理，對人類生命做出貢獻
35	群眾募資（crowd funding）專家	執行群眾募資，利用社群媒體或網路募集資金
36	智慧服飾開發人員	可調節溫度！開啟服飾與 IT 相遇的嶄新世界
37	生物識別專家	利用人體的特定部位設計密碼裝置
38	航空太空工程師	以天空為舞台，研究並開發飛機、太空船、火箭、人造衛星
39	智慧農場製造人員	設計出可以隨時隨地管理農作物的智慧化農場
40	生物資訊分析人員	收集並分析人類乃至動植物基因中的資訊
41	區塊鏈（block chain）專家	開發無法被他人操控訊息的區塊鏈技術
42	3D 列印專家	製造領域新革命！製作個人專屬、獨一無二的客製化產品

43	數位鑑識（digital forensics）偵察員	收集手機、電腦、伺服器等數據進行分析，應用於犯罪調查
44	遠程醫療管理人員	利用資訊通訊科技連接分隔兩地的患者和醫生
45	智慧城市專家	建設出一個讓市民生活更便利、智慧且有效率的城市
46	智慧財產專家	保障專利、品牌、設計等知識活動產生的智慧財產
47	無人駕駛汽車工程師	沒有司機操作也可以自行掌握路況並抵達目的地
48	雲端系統工程師	無論何時何地，在需要時都可以方便使用各種機器
49	資訊保護專家	診斷資訊保護水準，提出保護重要資訊的解決方案

出處：出路資訊就業網 [4]

藉由寫家計簿
了解生活費的流向

　　各位知道你們家需要多少生活費嗎？雖然有很多家庭知道每個月結算的信用卡費用，但很少有家庭知道每個月在各個領域裡支出了多少生活費。我也一樣。往往從薪水中扣除信用卡費、貸款費、管理費等之後，餐費就會變得很緊；也常常在碰到有意外支出的月份，苦惱該如何才能解決。每當這時，透支帳戶*就會成為我堅強的後盾，但無論如何，最終還是必須償還這筆錢，所以這並不能當作真正的解決方案。在對孩子進行零用錢教育之前，作為父母的我們應該要先下定決心好好學習錢的相關知識。

---

*譯註：韓國的透支帳戶可以用低利率進行小額貸款，風險也相對較低。
（https://news.cnyes.com/news/id/2166997）

　　我開始學習跟錢有關的知識時，最先做的就是寫家計簿。第一年我用了最受歡迎的農協家計簿，因為是好不容易

才領到的免費家計簿，所以我非常仔細地記錄了每項支出明細。不過也只有那時候認真寫而已，而且我只寫下使用金額，並沒有再次檢討反省。後來，我每年都會去買很有名的家計簿，用自己的方式填寫，然而生活卻沒有出現好的轉變。我總是在煩惱：「我在學校明明都可以按照預算好好使用錢，為什麼自己家庭生活的開銷會出現負數呢？」而我的問題就出在沒有規劃各個領域的預算就把錢花出去了。因為學校預算會依照各個類項規範預算金額，假如有某方面需要更多的預算，就必須更正、追加該類項的預算，所以資金流動都會在預算範圍內。但是我的家庭開銷並沒有限定各個領域的預算範圍，所以根本不知道在哪裡花了多少錢。

從那之後，我就開始把錢劃分開來。

第一次開始執行是在 2015 年，當時先整理除了固定費用（育兒費用 100 萬韓圜(約台幣 2 萬 6 千元)、給父母的孝親費 30 萬韓圜(約台幣 7700 元)）以外的自動轉帳項目。我按照日期填寫了會費、儲蓄、利息等定好的金額，這些不能拖欠的項目，總共的金額大約是 118 萬韓圜（約台幣 3 萬元）。接下來我另外增加了可以填寫信用卡結算日期和金額的格子。這筆金額是所有變動費用的總和，所以我另外記錄下來以免拖欠。變動費用分為生活費（超市購物）、醫療費、汽車保養費、電話費、水費、電費、天然氣費、管理費、婚喪喜慶費、餐費。最後才在剩下的格子裡填寫其他部分。

2015 年，第一次還不熟練時所寫的家計簿

				三星
		daoydpoo		樂天
				Bc
〈Restart〉				信用合作社

2015 年度 2 月　新年

固定費用									
俊道育兒費用					100 萬韓圜				
父母孝親費 58萬					新韓銀行轉賬戶 70500				
4 號	17 號	20 號	25 號	25 號	25 號	25 號	25 號	30 號	每月
社團 3 萬	公署 37 萬	教保 2 萬	農協011 12萬	認購 2 萬	汽車 25 萬	我的保險 16 萬	savethe 3 萬	俊率 6萬 18 萬	118 萬
會費	儲蓄	利息	利息	儲蓄	分期	儲蓄	捐獻	教育314 滙入	
利息		變動費用			220萬				
25 號　三星卡	1715905→1075026		25號　BC卡		1242730→1070111韓圜				
25 號　新韓卡	170500		25號　樂天卡		869430				
變動費用									

生活費 （MART）	醫療費	車輛費	電信費	2/3 俊率入學 15000
2/5　　　15190 樂天　 D uriMart	2/12　　4200 俊率　　結腸	2/8汽油　30000 樂天	電費	俊率字典 4500
2/7　　　30670 BC　 Duri Mart	俊率 2870	先生卡 40000	水費	
2/0　　　64460 樂天			瓦斯費	
2/8　　　64460 樂天			管理費	
2/13　　16550 餐點準備			會費	800004930
2/14　　27800		人情費用	外食費	
12980		2/14　　82000 建堂（承建）	2/7　　　6000 刀削麵	
2/7　　　8420 超商		2/14　　　萬安 　　　　8900	2/17　炸醬麵 三成　10500	2/15　　10000

Chapter 4 **應用篇** 分享家中經濟狀況，讓孩子學會思考開銷的意義與金錢分配的重要

2/9 超商 5980	2/23 俊率矯正	2/17 120000 Eurhythmics*	2/14 3300 明太魚	
2/24 27400 墊子	鞋子 7880	2/22 687000 書桌 64000	餅乾 8000	
2/20（Drt） 1150	2/15 48180		2/17（承書）	
2/20 35080	2/16 13080		披薩 25000	
2/19 43730			2/20 40000	

*譯註：Eurhythmics：達克羅士音樂教學法（Dalcroze Eurhythmics）為世界三大音樂教學法之一，其特色為教師以鋼琴即興方式教學，學生則以身體律動來體驗對音樂的感受。（https://ezmusic.pixnet.net/blog/post/35432426）

　　分開來看，我才知道我在生活費這個項目上花了不少錢。因為把實際支出的明細一一寫下來，所以空格不夠用，而且總共花費的金額也遠超過原本 30 萬韓圜的預算。其他項目暫且不說，我做夢也沒想到餐費和超市購物的費用支出會那麼高。

　　我準確地確認了各個項目之後，透過「專為自己準備的家計簿」更精準地細分出各項生活費，也開始學習理財，下定決心要當個有錢人。從那時起，我就選擇用自己的方式填寫家計簿。我還把固定支出費用做成一年份的貼紙，在資金支出的日期貼上貼紙標示。

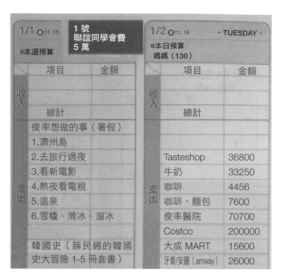

1/1 ○11.15	**1 號** **聯誼同學會費** **5 萬**		1/2 ○11.16	· TUESDAY ·
■本週預算			■本日預算 媽媽（130）	
	項目	金額		項目	金額

	項目	金額		項目	金額
收入			收入		
	總計			總計	
支出	俊率想做的事（暑假）		支出		
	1.濟州島				
	2.去旅行過夜			Tasteshop	36800
	3.看新電影			牛奶	33250
	4.熬夜看電視			咖啡	4456
	5.溫泉			咖啡、麵包	7600
	6.雪橇、滑冰、溜冰			俊率醫院	70700
				Costco	200000
	韓國史（薛民錫的韓國			大成 MART	15600
	史大冒險 1-5 冊套書）			牙膏/安麗（amway）	26000

事先貼上固定支出貼紙（每月 1 號同學會費）

　　從 2019 年開始，我用自己的方式規劃出每月的核對清單、貸款償還目錄、和資產記錄表，製作了結合家計簿功能的日記本，以符合我自己的需求。在第一頁的年度計劃表會寫上每個月金額比較大的進出項目，1 月和 6 月是汽車稅、2 月和 9 月是節日休假費、5 月和 10 月是汽車保險費、7 月和 9 月是財產稅、11 月是綜合不動產稅……等，提前標註每個月要記的項目（2015 年開始學習錢的相關知識時，我沒想過自己會成為要繳交綜合不動產稅的人）。

　　在需要繳費日期的格子裡，我會把定期支付的項目全部先記錄在每個月相對應的日期欄位裡，當作每個月的核對清單來結算使用金額。我每個月的核對清單裡包括我必須記住

的一切，從卡號到帳號等所有內容。這等於是我自己做的每月資產確認表。

現在，我自己專屬的生活費核對清單格式已經固定下來了，會依照項目將每個月的生活費進行分類，可以參考下圖列表。

- 會費、人情費用
- 貸款（減少）
- 抵押貸款（投資）
- 教育費（大兒子）
- 教育費（小女兒）
- 管理費等（包含手機、交通費）
- 儲蓄
- 特別費用（其他）

確認總支出時，我大致上分為 8 個項目。

餐費和外食費用方面，我會提前用優惠 10%的優惠價格購買安養愛心商品券，並將消費金額控制在一定範圍內。到目前為止，我和孩子們都不太常用到理髮費、服裝費等，所以這類的費用我歸類在特別費用裡。這樣算下來，我才知道原來我們家每個月至少需要 500 萬韓圜（約台幣 12 萬 8 千元）的生活費。

確認完生活費之後，接著是貸款和儲蓄。我會把最底下的格子用來記錄我認為很重要的貸款項目。第一，我會記錄各家金融公司的貸款金額、利息、和到期日，並記錄自己申辦或停用了哪些銀行的信用卡、以及到期前需要先解約的部分。第二，我會寫下需要盡快償還的貸款，並一再確認這項

內容，看看每個月是否有需要刪減的項目、貸款的償還進度是多少，同時持續了解是否有必要將原有貸款更換為貸款利率更低的商品。如果當月的生活費預算中有多出來的錢，我就會將那筆錢用在家庭旅行或償還貸款上。

希望大家也能和我一樣，試著感受用紅線刪掉貸款金額時的快感、以及填寫每月核對清單時看到資產不斷累積起來的滿足感。

目前使用的家計簿部分格式

金融	NH	新韓	KB	友利	教育費		帳號	
分類							先生信用卡	企業 232-0288-
1號	同學會費 5				俊率作文 9.5		新韓銀行	110-466-
2號					俊率英文 19			
3號					俊率跆拳道 12		友利銀行	1002-357-
4號							KakaoBank	3333-02-
5號							國民銀行	228001-0423-
6號							培育證券	5077-
7號				抵押貸款 59 萬/3.49% 認購 3 萬			農協銀行	農協（媽媽）122-12- 農協（阿姨）302-05- 農協（親友）352-0892-
8號								
9號							俊率跆拳道	韓亞 4898-
10號					俊道跆拳道 11		俊率鋼琴	韓亞 4898-
11號							俊道帳戶	郵局 1048-
12號							俊道帳戶	新韓 1104-
							俊道儲金	新韓 230-
							俊道認購	新韓 223-
13號							俊率帳戶	新韓 110-
14號	農協信用卡、現代信用卡						俊率帳戶	郵局 1048-
15號							俊率帳戶	元大 031-
							俊率認購	企業 232-
							爸爸帳戶	新韓 110-
16號							爸爸帳戶	農協 356-

日						
17號	家庭會費10 工署55 父母零用錢30	抵押貸款 40 2.96% 30年			大嫂	國民 6422-
18號						
19號						
20號					信用卡號	
21號		○○利息40			農協卡	4854-7902-
22號						11/22
23號					國民卡	5236-1200-
24號						03/23
25號	NH利息 NH1400/3.83 NH970/2.72 →15	年金儲蓄10萬	Kakao利息結算	友利信用卡	俊道認購2 俊率認購2	友利卡 5584-2030- 02/22 國民信用卡 5409- 04/23 元大 1492- 培育證券 12134- 事業家 843-
26號						現代信用卡 4330-29- 06/21
27號				（14萬）2%		
28號					俊率鋼琴14 俊道鋼琴12	
29號						
30號						
31號						
					＜自動轉帳明細＞	
	NH 1400/3.84 970/2.72 1050/2.95	減免 3830/3.6 →19.8月截止 工署2042/3.5	KB 1000/2.96 新韓 1000/3.46		KakaoBank 1700/3.17	農道信用卡（我）率手機 KakaoBank 我手機 ∥ 國民信用卡 Netflix ∥ 現代信用卡 軍浦管理費 安養管理費 ∥ ＋明細 1）互助會24 2）年金儲蓄10 3）率、道4 4）認購2
	2018.6.11. 新韓信用卡停用					

根據個人情況
重新設定補習教育費

　　幾年前，某部電視劇引發韓國社會的熱烈討論，正是《天空之城》。在《天空之城》這部劇中的內容提到，號稱0.1%的上流階層為了把孩子送進 SKY 大學*，會特別聘請入學考試顧問、拚命讓孩子接受課外輔導。除了戲劇化的設定之外，其實這件事相當符合現實狀況。也因此電視劇一結束，甚至有電視台特別製作一檔節目邀請了開價上億韓圜的入學考試顧問，一度成為大家爭相討論的熱門話題。

　　雖然我們沒辦法像電視劇演的那樣每年為孩子花費上億韓圜，但仍然有許多父母會縮減生活費、盡力讓孩子接受課外輔導。有些家庭投資在國小生的課外輔導費，甚至落在每人每月 100 萬韓圜（約台幣 2 萬 6 千元）左右。選擇課外輔導時，應該要在家庭經濟狀況可承擔的範圍之內。

---

*譯註：SKY 分別是韓國的首爾大學（Seoul National University）、高麗大學（Korea University）和延世大學（Yonsei University）這三所著名大學的簡稱。

鄰居家的媽媽把孩子送到全英語幼稚園，並不表示我們的孩子也一定要跟著去。在孩子上大學之前……不，連上大學之後也有非常多需要花錢的地方。如果我們在每個當下沒有考慮清楚自家狀況、只是盲目地追隨別人的腳步教養孩子，最終可能會只有我們自己會遍體鱗傷而已。

　　韓國國人有一半以上都認為：「小溪裡出現一條龍*」這句話已經不再適用。如果在我們生活的世界裡，是比誰爬梯子爬得更快、誰從小溪裡竄得更高來衡量成功的話；那麼在孩子的世界裡，就應該是要駕駛無人機翱翔在小溪之上才能獲得成功吧！在如今這樣的世界上，父母幫忙搭建的梯子也或許不再像我們那個年代重要了。

---

*譯註：韓國諺語，指家境貧寒的孩子憑藉著自身的努力闖出一片天。

根據韓國統計廳《2020 年國中小、高中課外輔導費用調查》顯示，每個國小學生每月所花的課外輔導費用平均為 31 萬 8 千韓圜（約台幣 8153 元）；

2020 年國小各項科目每人每月平均課外輔導費用

（單位：萬韓圜）

分類	一般科目				體育、美術興趣、素養	整體課外輔導費用
	國語	英語	數學	社會、科學		
全體學生	1.5	6.7	4.6	0.6	7.2	22.1
參加學生	6.7	17.7	11.6	6.5	15.2	31.8

* 全體學生：包含未接受課外輔導課程的學生
** 參加學生：只以接受課外輔導課程的學生為調查對象
出處：在《2020 年國中小、高中課外輔導費用調查結果》（統計廳[5]）的基礎之上，重新製表

若包含沒有課外輔導的學生在內，每個人每月平均的課外輔導費用為 22 萬 1 千韓圜（約台幣 5667 元）。雖然這是針對各個地區、各個年級仔細進行調查後所得到的資料，但各位認為呢？不覺得這和實際的數字有很大的差異嗎？

歷經托兒所、幼稚園，到進入國小一年級的那一刻，孩子會發生很大的變化，就是越來越長的課後時間。對父母來說，孩子如何度過這段時間是最大的課題。雙薪家庭運氣好一點的話，可以讓孩子留在學校的課後班。但是大家都知道，由於名額有限，大部分的人都沒辦法抽中課後班的資格，最後只剩下一種選擇，就是「安親班」。

在這個時期，能幫忙接送孩子的跆拳道補習班成了必要

的課外輔導課程。價格每個月 14 萬韓圜（約台幣 3598元），每天接送小孩，讓孩子可以一邊運動一邊交朋友，從各方面來看都有好處。跆拳道結束後，隔天再把孩子送到離跆拳道補習班最近的鋼琴補習班和美術補習班。一天是學鋼琴，隔天是學美術，再隔天又是學鋼琴，所以這兩個項目各增加 13 萬韓圜（約台幣 3333 元），就是需要 26 萬韓圜的補習費。為了補強孩子的課業，還需要再幫他準備一兩本評量，這樣全部加總起來就超過了 50 萬韓圜（約台幣 12820元）。不過不知道為什麼，站在家長的立場總是會覺得孩子好像還缺了什麼、應該給他更多的點幫助。結果補習項目一個又一個地增加，根本不想刪減。

雖然現在因為新冠病毒（COVID-19）讓實體聚集的機會變少，不過要是讓孩子參加國小一年級生活體育和足球社團的話，每個月的支出還要再增加 8 萬到 10 萬韓圜不等。即使每項只增加一點點，金額也會越來越大。而且現在還沒說到英語、數學、和作文呢！等孩子上完一年級之後，最慢從二年級開始就要擔心孩子的英語了。假如每週上一次課，英語家教課程一個月要 18 萬韓圜、英語視訊課程則要 10 萬韓圜左右，怕孩子進度落後也只能先上著。孩子升上三年級後改上英語補習班，每週兩次一個月就要 30 萬韓圜；到了四年級再轉到連鎖的知名英語補習班，每週兩次的補習費就會突然漲到 50 萬韓圜。我們本來下定決心希望：「一個孩子每月的

補習費總預算就是 50 萬韓圜！」但光是一個英語補習班，就可以整個計劃被打亂。

等一下！別忘了還有三四年級出現的游泳課。一想到每週還要追加兩次的兒童游泳課、和每個月 30 萬韓圜的費用，便覺得有些吃力。而從五年級以上就算是高年級，需要更加集中投資在課業上，所以開始讓小孩上數學補習班，同時也整理一下以前上過的跆拳道和鋼琴補習班。從現在起的比重會從興趣慢慢偏向課業，但是特殊目的高中、自律型私立高中*、還有大學入學考試的顧問們說，要會一項樂器、會一項運動、要參加志工活動，連學生會幹部也要兼顧。這真的有可能做到嗎？

---

*譯註：韓國的高中體制較為複雜，除了普通的綜合高中（一般高中，類似台灣的社區高中）之外，還有特殊目的高中（培育體育、演藝人才）、自律型高中（貴族學校）、特性化高中（類似技職體系學校），在就學環境與方針上也有非常大的差異。（https://www.creatrip.com/blog/8823）

這時就到了該做出抉擇的時候了。假如都不考慮孩子的才能和內在滿足，只是提供孩子跟鄰居小孩一樣的課外輔導課程，就不具任何意義。

要觀察孩子喜歡的是什麼、擅長的是什麼，再進一步刪減不需要的部分，才能給孩子真正需要的課外輔導教育。

《金美京的重新開始*》一書的作者金美京（音譯）指出，教育和房地產的公式已經因為新冠病毒（COVID-19）發生了很大的變化。在這之前，家長們教養子女的成功公式已經很明確了，卻在如今出現了裂痕。

　　作者提到，新冠病毒（COVID-19）之後的教育和房地產公式逐漸崩塌，取而代之的是孩子被栽培出來、屬於自己的核心內涵（核心素養）。[6] 這正是給被課外輔導教育蒙蔽雙眼的我們需要警惕的地方。現在應該要放下一味跟風的課外輔導教育，找到適合孩子的課外輔導課程，幫助孩子強化自己的核心素養。

　　那麼，該如何找到適合孩子的課外輔導課程呢？首先，當務之急就是了解孩子有興趣並集中精神投入的是什麼。別用各式各樣的藉口強迫孩子上他不喜歡的補習班。如果孩子不想去補習班，也不要在後面硬推著孩子前進、浪費彼此的力氣。當看見孩子的眼神閃閃發光時，再詢問他：「試試看這個怎麼樣？」就可以了。沒有必要一開始就為了一種課程投資龐大的金額。反過來說，萬一花一大筆錢把孩子送進所費不貲的全英語幼稚園、買了孩子根本沒興趣的系列叢書，家長就會因為孩子不好好珍惜而生氣，過不了多久雙方都會因此而疲憊不堪。

　　在 2015 年修訂的教育課程中，列舉出六種核心素養。[7]

---

*譯註：尚無中譯本。（http://www.yes24.com/Product/Goods/91116960）

　　往後孩子們的學習成果、評價、入學考試制度等，也將朝著培養核心素養的方向發展。光是不斷練習評量是無法培養出來的。換句話說，我們要選能夠培養孩子這些素養的課外輔導；同時也需要分析一下孩子在哪方面的素養潛力更高。曾經有個孩子都和父母一起在鄉下生活，他將天生對美感的領悟融入到自己的文章和畫作當中，被保送進了大學；之後也出版書、創作網路漫畫、設計出許多漫畫角色。雖然現在他還很年輕，卻藉由教學進一步從更多元的角度拓寬自己的領域。就像這樣，未來孩子自己的個人故事及培養核心素養等方面，將變得越來越重要。

透過分析消費模式
減少生活費的方法

想必大家都經常聽到「四個帳戶存錢法」吧？就是將薪水分別自動轉帳到薪資帳戶、生活開支帳戶、緊急資金帳戶、和儲蓄帳戶等四個帳戶，如此規劃並運用資金的「分離帳戶」技術。

上班族的月薪帳戶，總是會有一筆固定的金額匯入。假如想提高月薪，就要累積年資、成功與公司協商年薪、提高業績以獲得獎金。當然也可以選擇經營副業，積極增加收入。緊急資金帳戶裡建議維持月薪三到五倍的餘額，才能在如今不穩定的時代下成為我們最低限度的安全保障。

儲蓄帳戶不是等錢用剩下之後再存起來，而是必須事先把一部分的月薪撥出來匯入帳戶中。每個人的情況都不一樣，很難直接設定同樣的標準來執行；不過我會建議尚未獨立、剛踏入職場的社會新鮮人，可以儲蓄薪水的 70 到 80%、兩人家庭則儲蓄薪水的 50 到 60%、三人家庭儲蓄 40

到 50%、四人家庭儲蓄 20 到 30%。特別是還和父母一起同住，可以省下生活費的社會新鮮人時期尤為重要。此時一定要準備像定存帳戶、或年金儲蓄一樣能長期發揮力量的商品。

生活開支帳戶的特性就跟儲蓄帳戶一樣，會根據我們努力與否出現大規模的變化。而且如果省下生活費，每個月就可以存更多錢到儲蓄帳戶裡。若想更有效率地使用生活收支帳戶，建議可以設定每週將生活費用從薪資帳戶轉帳到生活收支帳戶。

不需要每次都直接從薪資帳戶轉帳到生活支出帳戶，有很多銀行可以設定每個禮拜定期自動轉帳。有一段時間我十分投入在縮減生活費這件事情上，還自己設計了「文件夾生活法」。我把一週的生活費放入文件夾裡，只在需要用到錢的時候拿出來。我依照不同的領域把每一格文件夾進行分類、使用。

大致上我分成 Food（包含餐費、買菜錢）、Car（加油、交通費等）、Hospital（所有家庭醫療費）、Housing（管理費、水費、電費、天然氣、其他維護費用及生活用品）、Kids（所有花在孩子身上的錢）、Me（用在我自己身上的教材費、咖啡等）、Special and ETC（特別使用費、家庭旅行費）等，其中的特別使用費扮演緊急資金的角色。而

我持續觀察在這些緊縮的生活支出中，是否還有可以節流的地方。

我跟先生討論後決定保留難以減少的基本維持費用，儘量減少大筆金額的花費，最具代表性的例子就是餐飲費、旅行費、教育費。剛好原本上班領薪水的先生正在籌備自己的事業，所以收入減少了，因此我們便把節流的第一個目標鎖定在餐費的支出上。一般的韓式料理我都在家親自下廚，連原本只會從外面餐廳買來吃的義大利麵我也嘗試自己動手做，煮菜的功力倒是因此提升不少。實在沒辦法配合的時候，也會選擇在社區裡的小菜店買配菜回家，儘可能減少在外用餐的機會。四人家庭就算只是出去外食個兩三次，一般也要花 10 萬韓圜，減少外食次數就可以省下不少錢。

*譯註：韓國地名，京畿道安養市東安區虎溪洞。

我認為對於不斷成長的孩子們而言，旅行是不可缺少的，所以並沒有刪減旅行預算。只是我也一直研究方法，讓孩子們留下美好回憶的同時，也可以用更划算、優惠的方式完成旅行。例如把住宿從飯店換成戶外露營，就可以省下將近八成的住宿費，因為露營的營地使用費每天 3 萬韓圜就非常夠用了。減輕了支出上的負擔，全家人也能更盡情地玩遍全國各地。兩個孩子非常喜歡這種能體驗大自然的旅程，我

和先生每天晚上也相當享受坐在營火旁說悄悄話談心的悠閒時間。

教育費的部分也節省了不少。現在大兒子的英語能力逐漸提升，所以我們送他去一間頗具規模的連鎖補習班；不過在這之前，孩子的發音都是我自己教的。孩子在家裡將英語學到一定程度之後，我便每個月花費 10 萬韓圜，在市政府經營的全球人才中心找了英文母語人士來幫孩子上課。用這樣的方式讓孩子上課，先在收費相對便宜的小型補習班打好紮實的基礎，之後再轉到大型補習班就可以直接上高階的課程，如此一來大概省下兩年的補習。

至於讓孩子學游泳，我則是利用住家附近的運動中心，以一個月 3 萬韓圜的價格讓孩子上到高階班。另外在低年級的階段，我也利用學校的課後班和放學後的課外活動課，用低廉的收費讓孩子接觸各種課程。大兒子參加放學後的課外活動課之後，隨著他長笛實力的提升，老師們也鼓勵他參加比賽。從那時開始我才讓他上個人家教課，後來我大兒子也被大學附設的藝術菁英教育機構率取成為學員。

家長其實不需要一開始就幫孩子繳交昂貴的補習費。父母可以親自教孩子基本的知識，或是先在收費平易近人的教育機構打下基礎之後，再去補習班。當然也有些家庭完全不會投資這些額外的教育費用，不過我認為讓孩子學會一項擅

長的運動、一項程度到一定水準的樂器、和一個可以進行一般溝通對話的外語能力，都為孩子的生活帶來更豐富精彩的體驗。實際上，這也是國內外知名教養專家所強調的部分。

雖然我期盼韓國能夠像外國的學校一樣，讓孩子放學後有活躍的社團活動，那是再好不過的了，但是現實的教育環境卻不允許。因此至少我希望藉由補習、課外輔導課程的幫助，送給孩子會運動、會樂器這份能受用終身的禮物。

相對地，在孩子就讀國小的階段我會讓他們自主學習，也不會訂閱各種學習雜誌、或申請每月需要支付使用費的學習網站等等。我選擇用這些錢陪孩子一起選購評量本，寫完評量本之後再依照評量本的價格給孩子一點特別的零用錢鼓勵他。我並不反對補習教育，只是等孩子上了國中、高中，可能會出現他更需要的課程，所以我也是想要提前為那時做準備而先把錢儘可能省下來而已。以我們家目前的情況來說，我評估其他額外的補習費用都是可以減少的，既然如此，不如將這同一筆資金做更有效率的運用。就像這樣，希望大家也都能和家人充分討論，評估自己家裡有沒有可以減少支出的地方。

反而是給父母的零用錢和孝親費，我不會刻意減少。

我把這些費用稱為「人情費用」。我先生的爸爸獨自一人住在鄉下，無論油錢和高速公路過路費多高，我們都還是

會經常去拜訪，並準備很多長輩喜歡吃的食物。而我娘家的父母已經沒有再工作了，也因此我的經濟狀況再難，還是會幫他們準備一定的生活費。這些費用絕對不能省的原因只有一個，沒有當初的父母，就沒有現在的我們。單憑這項原因，就算生活開銷出現赤字，也應當盡到我們做人的道理。如果連我自己想買的、想吃的東西都沒有捨棄，卻說沒辦法給父母的零用錢，這不過是藉口罷了，並不是沒有錢，而是沒有心，這才是真正的原因。孩子就是父母的鏡子，我寶貴看待、教養的子女會看著我，成長為和我一樣的大人。

在所有支出的項目中，需要排定優先順序；不過希望我們為人處事的道理也別被這些優先順序推到一旁。我們的父母在年輕的時候也相信只要努力生活，未來日子就會越過越好。誰也不知道未來會如何，到了我們這一代當然也無法預測未來會怎麼生活。而且令人難過的是，現在的人情味正變得越來越淡薄。在這樣的世界裡，家人之間更應該要互相擁抱、彼此和睦地生活吧？這是我衷心期盼的小小願望。

節省生活支出的訣竅

- 儘可能地妥善利用社區超市。
- 如果要到大型超市可以選在國定假日的前一天，打折優惠的商品最多。
- 只買虧本銷售的特價商品*。
- 如果有一定要買的常備用品，可以先留著等需要湊滿額折扣優惠時購買。
- 請使用地區貨幣*。
- 物品儘量在保存期限內使用，避免丟棄造成浪費（食物、化妝品、一次性用品等）。
- 不再需要用到的東西，若有可以換錢的可以立即賣出，用來補貼生活費。

利用「聰明筆記本」應用程式，不浪費生活支出的訣竅

1. 寫下每家信用卡及金融卡銀行可以享受的優惠。
2. 為了不忘記活動和店家送的優惠券，一併記錄下來。
3. 一張可以節省孩子補習班費用的信用卡是必備品。
4. 提醒自己別錯過一個月一次的地區貨幣*儲值時間。
5. 一定要先準備好去積木遊樂場玩的時間、還有自己去美容院的餘額等等。

金錢管理訣竅

1.透過銀行和理財 APP 隨時確認信用評分及各項優惠。

2.平時可以使用理財軟 APP 認貸款額度，並收到貸款金額減少的通知。

3.將所有銀行帳戶彙整至同一個地方，方便查看不同銀行現況。如此一來，自己的存款內容也能一目了然。

4.藉由理財 APP 確認持有的信用卡種類，如果功能及條件不符預期可以立即停用、註銷。

5.透過理財 APP 確認保險、汽車、房地產行情，以月為單位檢視個人資產。

6.持續擷取資訊，觀察各期間資產變動及減少支出的部分，制定長期的金錢管理計劃。

深度學習　國外經濟教育案例❸日本

　　日本繼失落的十年之後，出現了失落的二十年，現在甚至有人提到失落的三十年。日本自 1990 年代初期面臨「泡沫經濟」的經濟危機後，至今仍未擺脫長期經濟蕭條的泥淖。當時受到房地產放寬貸款限制及低利率政策的影響，掀起了一陣旋風，人們都爭先恐後地貸款來投資房地產。銀行發放的貸款資金流入房地產和股票，造成房價暴漲，日本國人的不滿情緒也節節攀升。對此，日本政府採取大幅度地調升利率及不合理的貸款限制條款等措施因應，全體日本國民共同參與的這場金錢遊戲並沒有任何實際根據，最終也讓這顆炸彈持續傳了下去。

　　日本人普遍認為沒有必要從小開始進行金錢教育，但正是因為這種無知，使得日本最終面臨經濟蕭條的困境，以及接連不斷的檢討聲浪。有一部分的人正努力擺脫以往只強調儲蓄的教育，希望能透過投資、消費、信用管理等方式實施全面性的金融教育。日本也運用職業體驗館的虛擬金錢流動體驗，及生活方式探索館等機構進行兒童、青少年經濟教育，在各個方面付出努力。

然而，日本不僅引進金融電子化系統的時間較晚，加上堅持不搭配世界標準的傳統做事方式，造成國家很難真正推動投資或金融教育。

　　日本的經濟教育只在國小三年級到五年級的社會課程中一些單元出現。以教育時間來說是絕對地不足，佔據的比重也非常少，這點和韓國的教育課程很情況類似。

　　透過《韓日國小教育課程修訂之正式經濟教育內容變化研究》（金秀恩（音譯），2019 年）論文中提出的以下兩個表格可以明確掌握這點。第一個表格是日本「各年級教育課程經濟教育內容要素」。[8]

日本小學各年級教育課程，經濟教育內容要素

年級	內容	相關經濟概念
三	對於維持地區安定的各種活動、地區產業和消費生活面貌、地區面貌變化等，理解與人們生活相關的知識內容	產業、消費
四	維持地區人民健康和生活環境的功能及活動	
五	國土地理環境特色與產業現狀	產業
六	無經濟相關內容	

　　接著底下則是第二個表格韓國「各年級教育課程經濟教育內容要素」。[9]

韓國小學各年級教育課程，經濟教育內容要素

年級	內容	相關經濟概念
三	透過地方居民的生活面貌進行的休閒和生產活動	生產
四	資源稀缺性和經濟活動選擇的問題 以市場為中心了解生產、消費等經濟活動 熟悉地區間物資交換及交流的跨地區經濟活動	資源稀缺性、生產、消費、市場、交換
五	國土人口變化及城市發展過程的特性 產業結構及交通發展過程的特性探討	
六	了解經濟主體的作用和韓國經濟體制特徵 探討經濟增長過程中的特點和問題 國際經濟交流的必要性	經濟體制、市場、經濟成長、國際經濟

連敏感支出也需要和孩子提及的理由

Q 應該要如實告訴孩子，家裡背負很多貸款的情況嗎？

A 偶爾我會聽到這樣的故事，孩子到了青春期不想念書的時候，父母就會演出一副家裡快要窮困潦倒的樣子。希望全家搬到房子小一點的地方、告訴孩子家裡的經濟狀況有多糟糕時，孩子能夠受到當頭棒喝的衝擊，不得不努力念書。

我可以理解家長們的用意，應該吧！但我反對這樣的方法。

我生活到現在一直抱著「我們家很窮」的想法，也經常自己想想就感到畏縮，覺得自己彷彿被貧窮的枷鎖束縛住了。雖然貧窮並不是一件丟臉的事，但我能感受到自己因為貧窮，所以可以選擇的餘地非常少。假如當時我知道具體的情況，也就是家裡背負了多少債務、應該要怎麼償還貸款，我想我就不會那麼辛苦了。因為我只是茫然地知道：「我們家很窮，一直都沒有錢」，所以連想找方法解決的念頭都沒有，只是一味接受，這樣的狀況說來也讓人難過。

我身旁也有很多人像我一樣，因為家境的關係放棄原有夢想，選擇擔任老師或公務人員。其中有一部分的人，每當談到過去的時候總是會想起自己身陷貧窮，以及伴隨而來對錢強烈的不信任和消

極認知。

就像這樣，小時候對特定事物的認知會影響我們一輩子，轉化為我們沒辦法輕易改變的觀念。這裡指的就是對金錢扭曲及消極的想法。我認為應該告訴孩子家裡賺多少錢、如何儲蓄、如何償還貸款。唯有如此，孩子才能了解到金錢並不可怕、也不是令人恐懼的存在，而是人完全可以克服並擁有的東西。

當然，我也曾因為背負鉅額貸款而難以維持生計的時候。那時別說是跟孩子提起了，我就連對先生都無法說明清楚。心裡的傷口已經化了膿，連我自己都不想面對真正的貸款金額到底有多少。不過為了孩子們，我下定決心要好好生活、拼命存錢償還貸款。

我一步一步還掉緊急的貸款，最後只剩下第一金融圈*的銀行貸款，到此時我才向孩子提到貸款的事。也一併說明了總共有多少貸款、要繳多少利息，而這些在我們家的生活支出中又佔了多少比例。我第一次跟孩子們說的時候，大兒子擔心到睡不著覺，不知道我們家以後會變得怎麼樣。對於以為媽媽每個月只賺 100 萬韓圜（約台幣 2 萬 5 千元）的孩子來說，他覺得那金額非常得大。於是我除了告訴孩子爸爸媽媽真正的收入有多少之外，連我們家的資產和貸款正確金額也都一併告訴他，陪他一起比對。此外也說明了爸爸媽媽之後可以償還的金額，以及未來的投資方向。即使孩子們當下聽不懂，我仍然持續地慢慢說明。幾乎像每個月和孩子共同結算資產一樣，同時我也讓孩子看我們家逐漸減少的貸款金額、和逐漸增加的資產。

其實孩子比我們想像的理解得更清楚。家裡有貸款並不是一件

丟臉的事，只是我們為了努力生活而選擇的一個方法而已。與其隱瞞家裡的貸款情況，不如跟孩子們分享家裡今後生活的計畫，還可以請孩子們一起幫忙。

---

*譯註：韓國可申請借貸機構分為第一金融圈——銀行，貸款利息較低；而第二金融圈則是指除了銀行以外的機構，如儲蓄銀行、保險公司、證券公司……等，貸款利息較高。（https://www.storm.mg/lifestyle/66131）

為了買一間屬於我們家的房子，所以向銀行借了錢；因為要還這筆錢，所以需要減少不必要的玩具和對身體不好的零食……。對孩子們說出這些話的那一刻起，這些內容就會成為孩子必須遵守、不得不遵守的約定。

Chapter

5

深化篇

透過「捐贈」活動，
啟發孩子的「價值觀」
與「節稅」概念

透過捐贈物品，
體現理財金融素養

　　韓國有一間名為 Beautiful Store（譯為美麗商店）的店鋪，是效法英國的樂施會（Oxfam，1942 年為幫助希臘難民而成立的救助團體），於 2002 年成立的非營利組織及社會企業。秉持著「分享、循環及市民參與」的核心主旨，Beautiful Store 所有的獲利用於支持第三世界國家的人和社會弱勢群體。

　　Beautiful Store 會收集大家捐贈的衣服、書籍、包包、鞋子、廚房器具、家電、裝飾品⋯⋯等二手物品，銷售給需要的用戶並從中獲得利潤。有些東西雖然對我們來說已經不再有用處，卻可以透過捐贈的方式提供給其他需要的人，同時也能為環境保護貢獻一份力量，是一個非常值得推廣的捐贈方式。

衣物

☺ 可接受捐贈品項：
- 成人、兒童衣物

☹ 不接受捐贈品項：
- 5 歲（size 110）以下的嬰幼兒衣物
- 西裝（上、下半身套裝）
- 內衣/衛生衣類、睡衣、內搭褲、襪子、泳衣、運動服
- 有縫補、修改痕跡，或印有標誌的團體服裝
- 校服、空手道/跆拳道道服、團服、軍服、制服

嬰幼兒用品

☺ 可接受捐贈品項：
- 小型玩具
- 未使用的文具、自行車

☹ 不接受捐贈品項：
- 幼兒滑板車、嬰兒車、寶寶健身器
- 安全座椅、嬰兒搖籃椅、嬰兒學步車、兒童餐桌
- 嬰幼兒教具、原木積木、波波球、兒童帳篷、娃娃
- 墊子、嬰兒圍床
- 兒童床、電動自行車、直排輪
- 溜滑梯、廚房玩具
- 兒童馬桶/浴桶、奶瓶消毒器、吸乳器、磨牙棒

圖書、唱片

☺ 可接受捐贈品項：
- 一般單行本
- 最近七年內出版的兒童讀物（單行本、英文圖書等）
- LP（國內外）

☹ 不接受捐贈品項：
- 學習單、考試用書、參考書、試題冊、專業書籍
- 教科書、百科全書、語言字典
- CD、DVD、錄影帶、錄音帶
- 成人書籍、非法影印書籍
- 宗教圖書、漫畫書、月刊、國外原文書

出處：Beautiful Store 網頁[1]

如果想捐贈物品到 Beautiful Store，第一步就要先到官方網站確認可接受捐贈的物品。可接受捐贈的品項及不接受捐贈的品項，會不定期地根據他們組織的內部規定進行調整。因此在捐贈之前最好可以確認。以 2021 年 2 月為準，上面的表格列出衣物、嬰幼兒用品、圖書、唱片等可接受捐贈的品項及不接受捐贈的品項。

捐贈方法分為直接到實體店面及網路線上回收處理兩

種。若想直接到實體店面，可以透過 Beautiful Store 網站內的「附近實體店搜索」功能尋找附近的實體店。

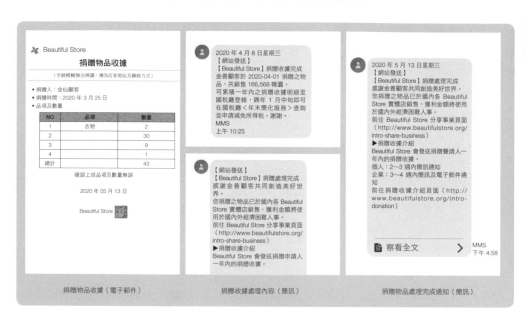

捐贈物品收據（電子郵件）　　　捐贈收據處理內容（簡訊）　　　捐贈物品處理完成通知（簡訊）

　　像最近疫情期間，可能經常會遇到實體店面縮短營業時間或臨時停業的狀況，因此建議先透過電話聯絡確認店面營業時間，避免一不小心就白跑一趟。最近有一次我在原本常去的時間過去，卻因為那家店剛好縮短營業時間而錯過了。另外，店家只接受捐贈物品，所以請利用可回收使用的購物籃搬運物品，意思就是捐完東西之後箱子要拿回來。填寫並確認捐贈物品資訊後，領取收據即可完成捐贈。以捐贈當天為準，一般兩到三週後就會收到店家發送能減免所得稅的捐贈收據簡訊。

申請網路線上回收時，捐贈物品必須超過三箱。在網頁上輸入捐贈物品的資訊，若有碗盤、家電產品等有損壞風險的品項，需要特別包裝保護。捐贈物品整理好後裝入箱子、塑膠袋、購物袋等，記得以一個成人方便搬運的重量為標準包裝。也可以自行選擇希望的收件日及是否發送捐贈收據。

我讀了黃允貞（音譯）作者的著作《越丟越幸福*》之後，我開始覺得捐贈不是一件很偉大、遙遠的事。[2] 我可以先從分享我不需要、但別人或許需要的東西來開始我的捐贈之路。每年新學期開始的時候，新的學習用品和玩具都會變多，對於那些已經用到覺得無聊或沒有用的東西，我們幾乎連碰都不會碰。**何不定期整理一下小朋友那些只是霸佔空間的東西、和家裡各處的雜物呢？請孩子一起整理和分類，讓孩子也能感受到分享的喜悅吧！**

另外，除了 Beautiful Store 之外，還有以下公益團體：

• 為流浪狗提供保暖墊的流浪狗收容所
• 提供弱勢團體女性衛生棉的 GFOUNDATION[3]
• 照顧脫北兒童的脫北兒童團體之家「我們家」
• 支援未婚媽媽獨立的社團法人 Growmom [4]

將物品或支援金捐贈到這些地方，可以成為我們身為父母、也身為社會的一份子回饋我們身旁環境的一個契機。

---

*譯註：尚無中譯本。（http://www.yes24.com/Product/Goods/30710392）

在跳蚤市場進行有趣
的捐贈活動

　　韓國國小三年級的道德課本裡，提到了一個新的詞：
「Anabada*」是「珍惜使用、分享使用、交換使用、重新使
用*」的簡稱。因此，可以讓孩子們試著把自己不需要用到的
東西直接跟其他朋友交換、或是拿出來賣。在一到二年級的
階段，學校會透過市場遊戲讓小朋友體驗跳蚤市場。以前會
直接帶現金來學校學習買賣物品的經驗，不過近來現金在使
用上越來越不方便，所以現在比起銷售，更多是透過交換的
方式來進行教學。（其實一般來說，孩子對於現金買賣是更
有興趣的。）

　　幾年前聯合國教科文組織（UNESCO）曾經推動「彩虹
計畫（Rainbow Project）*」作為學校營運的一環，而我負責
經濟範疇領域的經營。

　　當時以全校學生為對象，舉辦了一次跳蚤市場的活動。
學生們可以從家裡帶三個不需要用到的東西，各班導師再依

照學生帶來的物品數量發放相對的優惠券，可以用來買其他人的物品。學校除了銷售物品之外也接受捐贈，學生每捐贈一件物品都可以獲得一張優惠券購買一項物品。在這次的跳蚤市場活動中，一定要同時給出捐贈優惠券和現金才能購買物品。

學生們可以使用的最大現金金額是 1000 韓圜（約台幣 26 元），每項物品最高可以賣 300 韓圜。學校跳蚤市場分兩個時段開放，第一個時段是單數年級學生在操場上鋪墊子擺攤，讓雙數年級的學生買東西；而第二個時段則換雙數年級的學生擺攤，讓單數年級的學生有機會買東西。全校學生聚在一起專注買賣的樣子真的很壯觀，到處都有學生在宣傳自己帶來的商品，也有學生在攤位上彼此討價還價。

所有參加跳蚤市場活動的人都需要義務性地捐贈 100 韓圜。如果有意願，除了義務捐贈的款項之外，也可以把賣東西獲得的利潤捐贈出去。

藉由這樣的活動，不僅能讓孩子們將自己不需要的東西換成會用到的東西，還可以捐贈獲利金額、累積經濟經驗，可以說是一舉兩得。後來這筆捐款正式轉交給養老院，養老院院方也寄來感謝函，在學校朝會的時候特別念出來跟全校學生分享。

除了在學校體驗跳蚤市場的活動以外，也能參加地方政

府經營的跳蚤市場也是一個不錯的方法。我居住的地區，每個週末在中央公園都會舉行分享市集活動。分享集市上也有很多孩子跟著父母一起出來賣東西，他們攤位上擺的畫片、陀螺、漫畫書、包包、衣服等，看得出來都是孩子不會再用到的物品。

這群小朋友正在親身體驗最生動的經濟教育。

擁有這些經驗之後，他們既能感受到東西賣不出去時的難過，也能感受到把帶出來的東西全部銷售一空時的快樂。他們也會學到：二手物品的銷售價格要比想像中便宜很多才可能賣得出去。

最近疫情的關係以來，要舉辦面對面的實體活動變得相當困難，因此我也打算靈活運用網路上的跳蚤市場——紅蘿蔔市集*。紅蘿蔔市集最大的優點之一就是社區鄰居之間可以直接快速進行交易，是近幾年來迅速竄升的二手交易平台。雖然現有的二手交易方法需要面對收發快遞的麻煩、以及可能被詐騙的不安，但是紅蘿蔔市集可以直接面對面進行交易、不會有負擔，可以說是真正穿著拖鞋就能碰面的「拖勢圈*」跳蚤市場。

我非常期待能重新找回新冠病毒（COVID-19）侵襲之前的日常生活，積極參與各個地方的分享市集，不過紅蘿蔔市集也是短期內適合和孩子們一起使用的跳蚤市場選擇。

*譯註 1：「珍惜使用、分享使用、交換使用、重新使用」原文為「아껴 쓰고 나누어 쓰고 바꾸어 쓰고 다시 쓰다」，各取每段第一個字「珍、分、交、重」即為「아나바다（Anabada）」。（https://ko.dict. naver.com/#/search?query=아나바다）

*譯註 2：參考 https://kin.naver.com/qna/detail.naver?d1id=6&dirId=60503& docId=345926051&qb

*譯註 3：台灣可使用「旋轉拍賣」、「暇皮拍賣」、「奇摩拍賣」、「露天 拍賣」等二手拍賣網站平台。

*譯註 4：穿著拖鞋就能出門的範圍，簡稱「拖勢圈（슬세권）」。

定期支持國內外
公益團體

　　有一天孩子在學校看了某個影片後，回家便跟我說想要寫信給那個影片裡出現的朋友。於是他拜託我幫忙一起填寫父母的贊助申請書。這個故事就是源於學校和好鄰居（Good Neighbors）協會*一起推動的「希望寫信大會」。剛好也有許多公益團體提供捐款人透過這個機會開始定期捐款。

　　即使我們下定決心想定期捐款也很難立即開始，這是因為大部分捐款人不容易決定要捐款給哪個公益團體。在韓國的公益團體中，光是在國稅廳登記、被認可的法人團體就超過數千個，所以要做出選擇絕非容易的事。關於公益團體的現況，可以在「1365 捐款志工入口網站」上確認。[5] 依照不同領域分為國際救濟、災難救援、慈善、教育文化科學、經濟、環境保護、權益伸張、保健福利、國際交流合作、市民參與、其他等等，我們可以從其中選擇想要捐款的領域，再觀察適合的團體。

*譯註：參考台灣好鄰居協會 https://www.goodneighbors.org.tw/contents/
text?id=62。

　　選擇捐款團體時，要考慮本人的資金情況以及想要捐款
的對象。舉例來說，假設我們想幫助兒童，可以選擇贊助國
內兒童或贊助國外兒童，然後再根據我們的生活情形決定是
定期贊助還是不定期贊助。我自己從捐款的過程中感受到兩
件事：第一是要捐款給自己相信的公益團體，第二則是一旦
開始捐款便不要中斷。

　　想幫助孩子的我選擇了「救助兒童會（Save the
Children）」。我的想法很簡單，每個月省下一次買炸雞的
錢，就可以用來幫助第三世界的兒童，所以我很乾脆地開始
了捐款。當收到國外被資助的兒童親自寫給我的信時，我覺
得很有意義。後來我的經濟狀況變得非常困難，捐款對我來
說變得非常吃力。當下連信用卡費用都繳不出來，覺得幫助
別人是件奢侈的事。很遺憾的是，我最後決定中斷捐款。

　　罪惡感和歉意持續佔據我的心底，過了好幾年都沒有消
失。後來我透過贊助團體重新找到了那個跟我結緣的孩子，
卻收到我不能再資助那孩子的回覆。他們表示，捐款一旦中
斷，孩子的生計就會變得困難，所以團體會立即尋找其他贊
助者進行聯繫。

　　於是我不得已只好選擇資助其他孩子，直到現在我仍然

對第一次結緣的孩子感到抱歉。我也下定決心，從今以後一旦開始了彼此的緣分，就絕對不會再中斷。

還有，「才能」也可以捐贈。捐贈才能就是透過自己的專長幫助別人，也可以視為一種自我實現的方法。換句話說，捐贈才能的最大優點是能在幫助別人的同時，一併完成自己的成就感。如果你正因為工作經歷中斷而感到茫然，建議可以先從捐贈自己的時間和才能開始，並將此當成往後實現自我的機會。

透過各式各樣的捐贈活動，我們便可以實際體驗到：「你的小小幫助對某些人來說會成為奇蹟」這句話的真實意義，同時為孩子樹立榜樣。

參加志工活動、
分享才能累積捐贈經驗

　　在現在這個時代，一切資源都相當豐富，孩子們可以輕鬆得到自己想要的東西，不用經歷太多的辛苦。無論父母再怎麼說明過去的時代有多艱難，或是讓孩子看到迫切需要幫助的公益團體廣告，都不太能觸動孩子。問題出在他們將自己擁有很多東西視為理所當然，所以不懂得感恩。如果孩子懷抱感恩的心長大，就會懂得感謝父母、分享自己所擁有的東西，成人後也會了解自己存在的價值。

　　孩子在世界上實踐「分享」這件事的方式十分多元。第一個是付出自己的時間、透過勞動來捐贈的方法。有些孩子從小就跟著父母在孤兒院和養老院等地方參加志工活動、以及蓋房子的志工活動。

　　也有協助搬運的志工服務，或是到流浪狗收容所陪流浪狗玩、幫助打掃的服務工作。假如孩子對環境很感興趣，也可以到海邊從事淨灘的服務。試想一下，完成志工服務之後

孩子的心情會多有成就感呢？這些經驗將成為孩子正向成長的龐大基礎。

另一個方法就是前面提到的才能捐贈。意思是讓孩子運用自己的才能，進行幫助別人的公益活動。例如有些會演奏樂器的孩子，便可以參加公益演奏會貢獻一己之力，從國小時期開始就可以鼓勵孩子參加各大機構舉辦的活動和慶典。透過志工服務，將能開　孩子另一個看待世界的角度。

就像這樣，**分享自己的金錢、時間、才能，同時感謝自己當下所擁有的一切，便能大幅提升自尊和歸屬感。**如果想不僅僅是讓孩子擁有參加志工服務的經驗，還想留下別具意義的記錄的話，建議可以利用志工相關網站。[7] 在該網站裡可以查詢正在招募人力的志工活動，還能分別確認個人志工服務和青少年志工服務。透過這些功能，完成的志工活動也會一併記錄到學校的生活記錄簿上。

需要我們幫助的地方，比我們想像中還要多更多。哪怕是我們小小的援手，也有很多地方歡迎我們前往。陪孩子一起瀏覽網站、聊一聊他想去哪裡服務吧！透過這樣的對話也可以了解孩子的特質和關心的事。

喚醒「共同價值」的社會經濟教育

在遙遠的印度和巴基斯坦，許多孩子是負責製造足球的童工。他們一整天都用手工縫足球的皮革片，小小的手上布滿了非常硬的厚繭。雖然他們做出來的足球一顆售價就超過 10 萬韓圜（約台幣 2564 元），然而真正到孩子手上的錢不到 150 韓圜（約台幣 4 元）。[8] 足球產業只是冰山的一角，根據國際勞工組織（ILO）統計，以 2015 年為準，全世界 5 歲到 14 歲的兒童中約有 1 億 5 千萬名受到嚴重剝削的童工。我把這個情形告訴學校裡的孩子們時，他們大多會呈現出兩種反應：「幸好我們出生在這裡」、或是「他們好可憐，想幫助他們」。

對於很幸運可以出生在我國的孩子們來說，最重要的是要教導他們同理心。我們需要摒棄將別人的不幸和自己的處境拿來比較的思考方式，

應該清楚地說明某一個人為了另一個人犧牲、變得不幸，這種情況是不對的。相較於我們那一代，近年來發生了

更多不同類型的社會問題，貧富差距也越來越大。在急遽變化的世界裡，無論是誰都有可能因為一次的不小心，成為無法翻身的社會弱勢群體。如今我們需要的是能夠克服失敗的社會體系，也或許我們更需要的是能自己重新站起來的意志和力量。

全仁久（音譯）作者的《經濟教育計畫*》中提到，應該要讓學生關注周圍發生的各種社會問題，並擁有希望解決問題的想法。目前我們的社會還是一個必須從競爭中獲勝、即使獨自一人也能生活的世界，但期盼未來能夠形成一個透過合作、關懷、均衡且共榮共存的世界。正因如此，才說學校應該要幫助學生理解社會經濟。[9]

實際上，在韓國已經有部分國中、高中組成學校互助團體，努力創造出由學校、學生、家長和社區共同參與的共同體文化。學生繳交 5000 韓圜（約台幣 128 元）以上的資金，便能成為學校互助團體的成員。而擁有互助團體成員的身分，便可以向學校提出各種意見，讓創意化為現實。也有些學校互助團體設立並經營銷售環保食品的商店，將商店獲利用於學校互助團體的學生福利。與一般委託外部廠商經營的福利社不一樣的是，學校互助團體經營的商店不販售不良食品或碳酸飲料。

---

*譯註：尚無中譯本。（http://www.yes24.com/Product/Goods/74316853）

現在也正在規劃並推動一些方案，幫助家裡有經濟困難的學生。像是收集捐贈的二手物品，或是學生運用自己的才能拍攝、創作作品，都可以拿到義賣會上販售。當然，所有獲利都會用來促進學生的福利或用在其他需要的地方。如此一來可以讓孩子接受生動的經濟教育，也能完美地學習到社會經濟的價值與意義。

另一方面，2013 年韓國聯合國教科文組織委員會和京畿道教育廳簽訂和平教育合作備忘錄（MOU，Memorandum of Understanding）時，我曾經積極投入並參與了聯合國教科文組織的學校活動。透過這次的經驗我接觸到永續發展教育（ESD，Education for Sustainable Development），並開始關注公平貿易、友善咖啡、友善巧克力等，也不斷介紹給身旁的親朋好友。

公平貿易是一個為了確保貧窮國家的生產者獲得合理且公平的報酬而發起的全球性運動。以咖啡為例，一杯咖啡的價格中，負責採收咖啡豆及烘乾作業的農民收到的錢僅佔了1%，剩下的錢都被中間商和銷售業者瓜分殆盡。因此，我會儘可能選擇不透過中間商、直接連結生產者與消費者，而且對生產者更有幫助的公平貿易產品。

在向孩子介紹「公平貿易」的概念時，運用《苦澀的巧克力（Bitter Chocolate）*》、《友善巧克力改變世界的故事

*》等繪本，可以有效幫助孩子理解這些概念。[10] 請教導孩子「共同的價值」，因為未來真正需要的人才應該是懂得如何與他人共同生活的溫暖之人。

---

*譯註 1：尚無中譯本，韓國譯本書名直翻為《壞巧克力》。（https://www.amazon.com/Carol-Off/dp/0679313206、http://www.yes24.com/Product/Goods/6238363）

*譯註 2：尚無中譯本。（http://www.yes24.com/Product/Goods/25540410）

深度學習｜帶孩子一起認識稅務的種類和規模

　　關於我們繳納的稅捐種類和規模，從出社會開始時繳交的所得、一直到死後繳交的遺產稅，這期間還會有各式各樣的稅。其實，我們消費的所有東西都會被課稅。所謂的稅捐，便是指國家或地方政府為了籌集經費，向國民或居民強制收取的資金，因此又分為國稅和地方稅。政府會運用這些稅捐來維持國家生活的安定。那麼我們就來了解一下我國有哪些稅吧！

　　稅金大致上有繳給國家的稅捐——國稅、和繳給地方政府的地方稅兩種。國稅又可以分為本國人繳納的國內稅，以及通過國境時繳納的關稅。一般我們主要繳交的稅捐就屬於國內稅。再進一步細分的話，為了維持國家生活的稅捐稱為一般稅、有特殊用途的稅則稱為指定用途稅ˇ。指定用途稅包括用於教育發展的教育稅、用於環境和交通等領域的交通/能源/環境稅、以及用於農漁村發展的農漁村特別稅。

　　一般稅分為直接稅和間接稅，納稅義務人和稅收實際負責人是同一人的話就屬於直接稅，不是的話則屬於間接稅。例如所得稅、法人稅、綜合不動產稅、遺產稅、贈與稅……等，以自己的名義直接繳稅的稅捐就是直接稅。至於買賣物品時徵收的加值型營業稅（Value-added Tax）ˇ、購買寶石或汽車時繳納的個別消費稅、香菸及酒類課的菸酒稅、出售證券時繳納的證券交易稅等都是間接

税。也就是説，間接稅是透過銷售者將從消費者身上收取的稅金代為繳納給國家，以間接的方式進行。

台灣稅捐種類——國稅

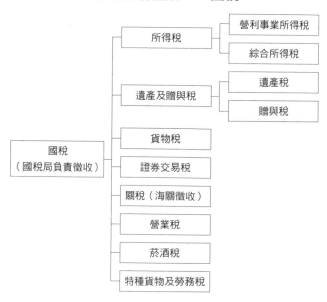

出處：財政部稅務入口網

台灣稅捐種類——地方稅

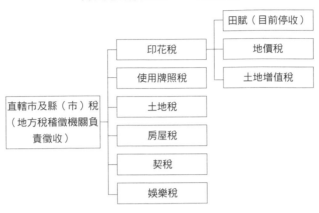

出處：財政部稅務入口網

地方稅是由直轄市和縣市地方政府自行徵收，包含從民國111年7月起，全台有六縣市正式實施「囤房稅」，包括桃園市、新竹縣、新竹市、台中市、台南市及高雄市，特別說明的是，囤房稅的課稅範圍以「非自住住家」為主，所以持有3戶以內自住房屋的民眾，並非政策的加稅對象。

此外，適用於各種執照的登記許可稅、演唱會門票相關的娛樂稅、以及由部分加值型營業稅轉換而來的地方消費稅等，都屬於地方稅。另外，有指定用途的地方教育稅和垃圾處理相關的地區資源設施稅，被歸類在指定用途稅。

這些稅捐是根據相關機構的繳納方式形成的。有時候諮詢關於稅捐的問題時，稅務公務員會表示那不在自己懂的領域內，不清楚怎麼處理。這也能理解，畢竟稅捐被分為這個多不同的領域、計算方法也十分複雜。

在學校裡，當有孩子隨意用水、用電時，只要告訴他們這些都是用父母繳納的稅捐來支付的，孩子們就會嚇一大跳。雖然現在有些人抱怨需要繳納的稅實在太多了，不過為了能讓未來孩子們生活的世界一步步邁向福利國家，便需要人們繳納更多的稅。

隨著稅務越來越透明，也使得大家連逃稅的念頭都不敢有了。總而言之，透明公開且正當的繳稅心態，是我們每個人都需要具備的。韓國有個說法是「透明錢包」，意思是指我們使用的一切稅捐國家都清楚明瞭。因此，我們該做的絕對不是逃稅，而是要懂得節稅。

合法的節稅訣竅

- 為了準備年終結算，需要清楚列出扣除額明細、和子女扣除額明細等抵稅。
- 做好規劃，讓儲蓄和保險也能享有繳稅優惠。
- 透過營業者及法人轉換，幫助節稅。
- 提前將相對金額贈與子女。
- 房地產依照金額區間的購置稅和轉讓稅稅率會不定期變動，因此買賣時需要仔細確認；如果金額龐大，建議最好能向稅務師諮詢節稅方法。
- 也可參考台灣財政部稅務入口網站的「節稅秘笈」

如果父母很難開始捐款行動，該怎麼辦？

Q 老師，我知道捐款是一件好事。但是我們家的生活實在太拮据了，很難做到輕鬆地捐款。

A 我也一樣。其實有很多家庭的財務相當拮据，必須用 1 萬韓圜（約台幣 256 元）支持家裡一整天的開銷。我也曾經覺得要用掉一張 1 萬韓圜的紙鈔很捨不得，那時候的我最終放棄了捐款。可是我卻沒有因為放棄而變得輕鬆，反而感到抱歉，還嘗到了罪惡感的滋味。不知道就算了，明明知道對方現實生活有多麼艱難卻置之不理，這讓我非常痛苦。

有一段時間，我眼前總是會浮現我原本曾資助的那孩子的樣子。我自己的孩子出生在一個好國家，至少不會餓肚子，然而那些孩子卻必須擔心自己餓死的問題。於是，為了不希望再有孩子餓死，我重新下定決心幫助那些孩子守護他們身為人最基本的尊嚴。

我的捐款並不是出於什麼政治理想或宗教信念，單純只是因為我當下的生活情況比他們稍微好一點，所以至少想先從一點點的分享開始。不一定要用錢來表達自己想幫助別人的心意。

正如我們之前提到的，捐贈物品也是一個聰明的選擇，分享才

能也是很不錯的方法。

　　我周圍認識很多家長都在追求極簡生活，他們會透過捐贈物品獲得生活上的便利及心靈上的安定。萬一經濟條件或時間不允許，即使只把不再使用的物品捐贈出去，心理上也會變得舒暢。

　　未來在孩子們成長的過程中，如果身為父母的我們面臨空虛無力、或無謂的懷疑，這時請試著貢獻出自己的時間和力量吧！透過這些行動可以獲得龐大的滿足感，也有許多家長因此克服了憂鬱症。雖然我們的生活一直過得很忙碌，不過當我們為別人付出時，心裡反而會產生歸屬感。

　　假如家裡條件很困難的話，也不需要過於勉強自己。只要懷抱著想要貢獻己力的心意，總有一天機會的大門必定會敞開，讓我們實現這一個目標。

Chapter

6

進階篇

帶孩子接觸投資工具，
讓實際參與成為深刻的
金融教育

教會孩子存股的概念
放眼未來的投資目標

　　直到不久之前，很多人依然認為投資股票跟投機行為並沒有什麼不同。不過最近這樣的認知卻有了很大的改善。根據金融投資協會資料顯示，2020 年 3 月韓國股票交易活躍帳戶總數超過了 3 千萬人，到了 2021 年 3 月 19 日更突破了 4 千萬人的數字。一年內便足足增加了 1 千萬人。

　　2020 年初，由於新冠病毒（COVID-19）的影響，外國投資者大舉拋售股票，造成股市開始暴跌；隨著個人投資者，又稱「螞蟻投資者*」積極入場，韓國甚至出現了「東學螞蟻運動*」的新造詞。我認為這是由於人民對國內企業的喜愛、以及對韓國國內股市的信任所造成的影響，這點與過去大不相同。當時我們班上也有好幾個孩子向同學炫耀說：

---

*譯註 1：即台灣所說的「散戶」。

*譯註 2：參考 https://news.tvbs.com.tw/focus/1443326。

「爸爸媽媽幫我買了三星電子的股票。」

雖然現在已經有很多家長正在投資股票，**不過幫孩子做的股票投資，運用的概念跟大人的投資又不一樣。不要選擇用短打買賣立即獲得收益，建議尋找等孩子長大的十年、二十年後依然穩定成長的健康企業，長期投資其未來價值，這樣的觀點更為合適。**《媽媽，幫我買股票！》的作者 John Lee 也提到，應該要讓孩子擺脫補習教育的泥淖，用那筆錢幫孩子買股票。唯有父母先擁有財富，孩子才能擁有財富，而父母能擁有財富的方法就是股票。另外，作者在書中也強調股票投資靠的不是技術，而是堅持不中斷的儲蓄。如果我們投資的企業具備良好的獲利條件，即使股價暫時下跌也不用過於擔心。持有優良企業的股票、不輕易動搖，才是成為優秀投資者的唯一方法。[1]

和孩子聊聊跟股票相關的話題會有什麼好處呢？首先是可以培養孩子觀察企業的眼光。讓孩子不再只是茫然地喜歡某一個牌子的手機、或是喜歡某一個的藝人，而是能進入下一個階段了解這些背後的企業。另外，也能讓孩子知道支持自己喜歡的東西，最終的方法就是投資那家企業。加入粉絲後援會、留下加油的留言是一種支持的方式，不過學會這種間接的贊助，亦即投資，也是一個可行的方法。

如此一來，孩子關注的焦點不會只是像一般的消費財一

樣消失，而是可以直接連接到投資財上。

　　除此之外，孩子還能藉由股票熟悉生產、消費、和投資的概念，學習到企業從事生產、個人從事消費的經濟結構。當了解企業是透過什麼樣的過程盈利時，就可以將此連結到投資上。讓孩子一步步學習到：這些投資最終都會藉由經濟的良性循環，對於國家的經濟發展產生影響。

　　換句話說，不是要幫孩子買股票，而是要陪著孩子一起做股票。為了避免淪為最近的熱門單字「霹靂乞丐*」，不要操作短打交易的企業股票，而是要陪伴在孩子身邊幫助孩子培養觀察優良企業的眼光。

　　我們已經從經驗中知道，光靠月薪來生活是難維持的。我們的孩子應該成為以創意性發展事業、發揮才能的「Independent Worker（獨立的工作者）」。假如當一個「Salaryman（工薪階層）」來生活的話，就應該要進行經濟教育，讓他們能在最低月薪以外擁有額外收入。別再延遲了！希望各位父母現在就幫孩子開設股票帳戶吧！

---

　　*譯註 1：尚無中譯本。（http://www.yes24.com/Product/Goods/90368340）

　　*譯註 2：「霹靂乞丐」一詞指因政府大量印鈔、通貨膨脹，造成手中持有現金經歷前所未有資產下跌的人。（https://kknews.cc/house/m58yak6.html）

幫孩子開設證券戶
的方法

　　好，現在我們已經知道投資股票的必要性了。那麼，該如何開設孩子的股票交易帳戶呢？和之前提到開設銀行帳戶的方法一樣，如果想幫未滿 14 歲的未成年人開設股票帳戶，父母就必須抽出一次時間親自到銀行一趟。

　　所需文件包含有身份證字號的家庭關係證明書或戶口名薄、孩子之後會開具的詳細基本證明書、子女名義的印章、父母的身份證等。

　　這時還需要連結股票帳戶的存摺，只要攜帶之前在銀行以孩子的名義開設的儲蓄存摺即可。

　　我選擇開設股票帳戶的銀行，是跟孩子儲蓄存摺同一家的新韓銀行。開設股票帳戶時，證券公司也是可以選擇的。建議最好選擇使用方便、手續費少的證券公司。股票交易時繳交的手續費共有三種：

　　相關機構手續費、證券交易稅、以及證券公司手續費。

各家證券公司會不定期舉辦活動，提供免手續費或下調一個月交易稅等多種優惠。

目前證券公司網路交易系統（Home Trading System，簡稱 HTS 系統），這個應用程式非常適合短期投資者使用，幾乎不會出現系統障礙，因此相當受到民眾歡迎。台灣讀者可以參考 2022 年最新排名 10 大投資受用券商下單 APP，以此作為選擇的參考。

在銀行開設孩子的股票帳戶是金融交易限額帳戶，因此每天的提款額度和轉帳額度都有限額。以網路銀行和實體 ATM 來說，限額是分別是新台幣 10 萬元及新台幣 3 萬元（請依各家銀行公告為準）；到銀行臨櫃辦理最多可以到新台幣 50 萬。因此，若想購買超過新台幣 10 萬以上的股票，就必須親自到銀行處理。

如果想投資海外股票，可以參考各家證券商的資訊及特色，目前大多美股券商都有零手續費或免費開戶的優惠，各家的競爭特色不同，且有中文化界面的方便大家交易。

最後要提醒大家的是，孩子的 ID 和密碼不會經常使用、很容易忘記，所以最好可以在連結存摺或安全卡片上另外寫下來做記錄。我會把所有金融網站的帳號和密碼都寫下來保存在某一個地方，不過記得：一定要注意安全！

三個關於股票交易手續費的訣竅

1.相關機構費用：購入、拋售時向證券交易所支付的手續費，金額非常少。
2.委託交易手續費：購入、拋售時出現的證券公司手續費。
3.證券交易稅：只在拋售股票時繳納的稅捐，稅率為千分之三。

孩子投資股票時的注意事項

1.根據財政部國稅局表示，未成年人購置財產，如果無法證明支付款項為本人所有，國稅局將視為法定代理人或監護人贈與，將寄發稅單並要求法定代理人或監護人申報課徵 10～20% 贈與稅。若被認定為贈與，法定代理人、監護人等必須在買賣行為後 30 日內向主管稽徵機關辦理贈與稅申報。若沒有主動申報，國稅局會發單通知十日內補申報，逾期仍未申報，則依照贈與行為課稅以外，還會裁處兩倍稅額以下罰鍰。

2.假如是以每個月定期定額的方式購入股票，原則上是每次繳交的時候申報贈與稅。不過實際上很難如此申報，所以可以簽訂協議訂好一定週期、金額、期間，統計後在首次繳交時申報統計後的稅額。

3.必須在管轄稅務局確認詳細的計算方式及內容。

4.父母贈與子女的股票在操作時出現差額的話，原則上要含在贈與稅內，因為是藉由他人的努力使資產增加。相反地，股票價值自然上升或分紅、利息等，則不視為贈與稅。

5.贈與子女股票時，要選擇像分紅成長股、績優股、ETF 一樣不用買進賣出的長期投資。

聰明的
贈與方法

　　有錢人不是為了逃稅，而是為了節稅，從很早開始就將財產贈與子女。現在大家可能只會把贈與當作別人的事，但令人遺憾的是，孩子們的起跑線正在發生變化。

　　<u>假如我們能力所及，就算需要刪減一些生活費和教育費，我們何不把孩子的起跑線調整到更好的地方？此時，如果在享受免課稅優惠的同時能夠調整孩子的起跑線，就相當於獲得了一箭雙鵰的效果。</u>

　　首先，所謂的「贈與」是指透過直接或間接的方法無償給予他人財產或增加財產價值的一切狀況。換句話說，無論從任何人那裡收到了無償財物都屬於贈與的範圍。贈與，和財產所有者死亡後根據法律與親屬繼承的繼承不同，贈與是由活著的人進行的，對其他沒有關係的人也可以進行贈與。繼承最遠只能在四等親以內的旁系血親（叔叔、舅舅、姑姑、阿姨）進行。不過繼承和贈與同樣都不是在本人努力的

情況下獲得財產，因此會徵收稅金。

　　從以下表格來看，直系親屬的免稅贈與額為贈與稅應納稅額，按贈與人同一年內贈與總額，減除免稅額及各項扣除額後之課稅贈與淨額，再乘以規定稅率減去累進差額，計算全部應納贈與稅額，減除同一年內以前各次應納贈與稅額及可扣抵稅額後，為本次應納贈與稅額。

　　稅率表如下：

【台灣贈與稅】稅率表及計算公式

民國 111 年 1 月 1 日（含）以後
贈與淨額*稅率－累進差額－扣抵稅額

贈與淨額(新台幣；元)	稅率%	贈與淨額×稅率－累進差額－扣抵稅額＝應納贈與稅額
25,000,000 以下	10	贈與淨額×10%－0
25,000,001-50,000,000	15	贈與淨額×15%－1,250,000
50,000,001 以上	20	贈與淨額×20%－3,750,000

　　因此要進行金額較大的贈與時，請務必向稅務師諮詢、尋找更有效的節稅方法，會更為有利。另外，房地產的稅捐政策多次更改，要特別留意。

　　還有，贈與稅要在收到贈與的月底起算同一年度內申報。申報方式可以透過所在地的稅捐申報、也可以透過國稅局線上申辦。申報時需要的基本文件有家庭關係證明書、住民登錄謄本、贈與契約書。根據贈與財產分類的不同，所需文件的數量也可能會增加。

分類	準備文件
存款等金融資料	存款等轉帳帳戶交易明細、存摺首頁影本
股票、債券	可確認股票帳戶、主權基金、債權實物、其他名義變更實物等的資料 若為未上市之股票,則需未上市股票評價文件(財務報表、稅務調整計算書)等
車輛	車輛登錄證
房地產	房地產登記簿謄本、土地及建築物分類帳 贈與日前後三個月內若有買賣及徵收案例,則需相關文件 若以標準市價評估價值,則需標準市價價值評估相關資料
高爾夫會員券、獨立公寓(condominium)會員券	會員券等名義變更證明文件
保險	相關機構發放的保險證券、保險金數量資料、年金保險資料
其他	其他贈與資產評價證明文件

　　納稅義務人如果沒有在規定期限內辦理贈與稅申報,除補徵稅款外,還要按核定的應納稅額處 2 倍以下的罰款。

　　但是核定應納稅額在新臺幣 1 萬元以下者,就可以不罰,如果在沒有經人檢舉及沒有經稽徵機關或財政部指定的人員進行調查之前,自動提出補報的話,除了補徵贈與稅款外,還要就補繳的贈與稅加計利息,一起徵收,但不必受到罰款的處分。

　　請提前將房地產和股票贈與孩子,讓他們也能隨著時間的推移享受免稅優惠。再說一次,如果在孩子小的時候就繳交贈與稅,那麼以後就不會再針對股票價值上升的部分徵收

稅金。必須繳交的稅一定要繳；同樣地，希望能獲得的優惠也要好好計算，千萬不要錯過機會。

聰明贈與的訣竅

---

1. 贈與財產未達到扣除額時，由於沒有需要繳交的贈與稅，所以就算不申報也不會有其他損失。不過，即使未達到課稅標準還是有報稅的義務，所以還是會建議大家在 1 年之內完成贈與稅的申報。
2. 嚴格來說，零用錢也屬於父母給的無償贈與。只是在社會觀念上允許的範圍內，都可以成為免稅對象。因此並不是給了零用錢就無條件一定要繳交贈與稅。
3. 假如是支付零用錢給有收入的成年子女，除了特殊情況之外，大部分都屬於贈與稅的徵稅對象。

安全又聰明地
投資保險

　　保險最早開始於十四世紀的希臘雅典。當時在海上航行的船舶主人可能會因為遇到風暴或海盜而遭受巨大損失，因此收集一些錢之後再交給發生事故的當事人，這就是最一開始的保險*。

　　無論是誰，都可能會在生活中突然經歷疾病、事故、死亡、偷盜、火災、失業等不利的情形。這時如果耗費了鉅額的資金，就很難維持生活。尤其是身體生病，假如無法到醫院接受治療的話，不僅是身體，心理也會變得疲憊不堪。

　　小時候我們家裡非常窮，當時我的親哥哥從三樓摔下來，造成頭部受傷，被送到醫院進行了一場大手術。看著哥哥縫了一百多針的頭，我想到我們家根本沒有錢，要是沒有醫療保險就沒辦法救活哥哥了。

---

*譯註：文中敘述的起源時間與保險方式，和參考資料對照後有出入。

（https://wto.cnfi.org.tw/upload/file/Dir004/Cat069/17-2.pdf：第 39 頁 壹、海上保險之發展）

所以我衷心感謝有醫療保險這個體系，因為是它救活了我的家人。

有人說：人越是一無所有，保險就越重要。有錢人可以度過難關、不會碰到大問題，然而對於沒有錢的人來說，整個家庭可能會因一筆醫療費用直接崩潰。沒有保險是問題，但有人過於勉強地購入保險這也是問題。我身旁有認識的人把工資的一半都用來支付保險費用。因為他的親姐姐突然被診斷罹患癌症、很快就過世了，所以他後來非常注重健康。他投保了各式各樣的保險，從癌症保險到火災保險……，數量多到不知道有多少種類。雖然我能理解他的心情，可是為了預防可能會發生的意外，讓自己陷入很難維持生活的窘境，這是不正常的。

我媽媽也買了很多保險，但實際要領取理賠的時候會有非常多的限制條款，只要稍不符合就會被排除在外，因此可以拿到的理賠比起我們實際繳交的錢還要少得多。我自己在投保了實支實付保險、和教職員保險一段時間之後，我一邊整理保單、一邊取消了一些個人保險。因為沒有辦法重複理賠，我比對裡面的保障明細也沒有太大的差異，所以我只留了最低限度的保險額度。相反地，汽車保險和駕駛人保險我

則把理賠額度設定到最大限度。除此之外我還買了日常生活保險，像是在發生樓下漏水、汽車車門碰撞等突發狀況時就能發揮作用。

換句話說，不需要因為不必要的擔心而購入各種保險。保險是為了以防萬一，可以根據自己的情況來投保即可。現在許多的應用程式和機構都可以針對我們目前有的保險進行調整及規劃，不用另外購買新的保險，也可以看看他們推薦適合我們的保險。**觀察自己比較缺乏的保險領域是什麼，根據疾病遺傳機率、針對想得到保障的部分做好萬全準備即可。也檢視看看，是不是有些保險我們根本不知道保障明細是什麼，只是簽了名就付錢了。**

保險由主約及附約構成，必須簽訂主約才能簽訂附約。另外，壽險公司和損失保險公司負責的保險不同。壽險是指以人的死亡或生存作為保險事故的所有保險。損失保險則是指火災保險、海上保險、汽車保險等，針對這些保險事故造成的財產損失進行理賠。以前健康保險、實支實付醫療保險、癌症保險等都是另外分開的，不過最近也彙整到損失保險中一併處理。

與一般死亡相比，因為意外災害而死亡的機率較小，所以對於意外災害死亡的保險費用也相對較低；至於發生機率較高的保險，保險費用也會偏高。

因此，壽險的主約保費變得越來越高。對於主約的死亡保險金，第一個要決定的是要保最低限度還是最高限度。如果想要保少一點的話，可以選擇購入損失保險。

　　接著再確認國人的三大疾病——癌症、腦血管、心血管疾病。

　　要根據自己的家族病史來制定標準。如果再怎麼考量還是認為罹患該疾病的機率偏高的話，就可以提高保險金額；如果不是則可以將金額設定少一點。選擇腦血管疾病的保險時，要先確認保單內容是否針對腦梗塞和腦出血這兩種情況都有保障之後再購入。假如家族病史中有糖尿病或腦中風等症狀，就可以選擇有相關保障的保險，其餘的則根據健康狀態做適度準備就可以了。至於跟急性心肌梗塞相關的部分，也可以一併列入考量來設定保障額度。再來，像是住院費、手術費、門診費……等，如果想要領回這些實際支出的費用，可以選擇購入實支實付保險。

　　每家保險公司的合約都不一樣，可以確認保費金額後再另外投保，所以也可以只選擇單獨購入實支實付保險。最後向保險經紀人諮詢適合委託哪一家保險公司即可。

　　雖然大部分保險經紀人會提出各種保險的優點，不過以我個人的觀點會認為子女教育保險、牙齒保險等，不投保也不會有太大的影響。舉例來說，牙齒保險的理賠相對於繳交

的保費要少得多且理賠限制非常多，即使牙齒受傷而需要交一大筆錢，但某種程度上還是在可以負擔的範圍內。假如是這樣的話，我反而會覺得每個月定期存入存款會比較好。另外，子女教育基金的情況也一樣，等到孩子上大學時再選擇投保項目，那時的優惠會明顯多更多。假如將這些投保子女教育保險的錢存入孩子的存款，往後孩子看到一大筆錢匯入帳戶時才不會感到慌張。我想說的是，目前可以先不用投保未來十年、十五年、二十年後才可能會需要的保險。

除此之外，我也認為若要尋求對於跟性早熟相關、檢查生長板等問題的保障，不一定要購入保險。

如果孩子在學校受傷，也可以從學校安全共濟會*那裡得到保障。不過學校安全共濟會是為了在孩子受傷時提供最低限度的安全措施，因此我也建議可以選擇提供日常賠償，也就是在孩子不小心傷到其他同學時可以提供保障的相關兒童保險。因為假如孩子在無意間傷害了其他人，那麼與賠償相關的法律奮戰是一件非常困難的事。

就連我也曾經因為合約的字太小、句子太艱澀，所以乾脆就透過認識的人投保。但是現在應該用更聰明、更安全的方式選擇保險商品才對。因為一旦買了保險，就要在比想像中更長時間裡一直付錢。要是中途才想要解除合約，就會面臨巨大的損失，跟投資失敗沒什麼兩樣。因此，要是想找到

可以最低限度的金額獲得最優惠理賠的保險，就必須仔細比較並充分了解。

---

*譯註：韓國教育委員會依照地區設立學校安全補償共濟會，使管轄區內師生都能加入學校安全保險，如發生安全事故時能得到相應補償。（https://www.bcbay.com/life/education/2010/05/16/big5/32154.html）

有錢人為什麼
要投資黃金、美元？

　　我們生活中有兩項最具代表性的避險資產，那就是黃金和美元。避險資產是指價值變化幅度小，本金能獲得一定程度的保障，顧名思義就是穩定性高、風險相對較小的資產。避險資產的價值會根據行情有所不同。近來黃金價格連日居高不下，就連朋友小孩的週歲宴要送一個金戒指也不容易。事實上截至 2022 年 9 月，一錢（3.75 克）黃金的價格已經逼近新台幣 6500 元。還記得以前黃金價格的人，紛紛遺憾地表示黃金真的是最好的投資標的。

　　黃金價格為什麼一直上漲呢？原因很簡單，因為黃金的蘊藏量（Reserve）*有限。據說存在於地球上的黃金總共約有 30 萬噸，其中只有 12 萬 5 千噸，大約一半左右在市場上流通。

---

*譯註：參考 https://jyforex.com/gold-reserve/。

想擁有黃金的人很多，但黃金總量是固定的，所以價值不會下跌。華倫‧巴菲特（Warren Buffett）對黃金的投資抱持懷疑態度，不過他卻在 2020 年 8 月購入了世界第二大的加拿大金礦企業的股份，這也證明了黃金投資具有其魅力。就像這樣，在很長的一段期間以來黃金的價格都持續上漲，也因此備受矚目，一直是高人氣的投資標的。

然而，如果你真的想投資黃金的話，就會發現黃金價格反覆起起落落的狀況比我們想像的還要頻繁發生，所以很難立刻投入資金。原因就出在黃金受到美元價值很大的影響。美元是國際儲備貨幣，也被認定是一種避險的投資標的。因此，當美元價值上漲，人們比起黃金更喜歡投資美元，此時黃金價格就會下跌下降。反過來說，要是美元貶值，黃金價格就會上漲。

2016 年川普（Donald Trump）當選美國總統時，很多人都預測美元會貶值，黃金價格會上漲。但是川普上任總統之後在社會基礎建設上投入鉅額資金，吸引了世界各地的投資潮，結果造成美元價格上漲。當然，在這之後黃金價格也下跌了。

在更早以前，前美國總統富蘭克林‧羅斯福（Franklin Roosevelt）為了提高美國的出口量，開始執行美元貶值政策，並購入國內外黃金。結果黃金價格上漲，美元價格下跌

了 40%。由此可知，黃金和美元就像蹺蹺板一樣，彼此影響且上下浮動。

這也是因為黃金和美元是全世界最具代表性的避險資產。在 2020 年初，美元對韓圜的匯率是 1 美元兌換 1296 韓圜；而到了 2021 年 7 月，則下降到 1 美元兌換 1139 韓圜。*

前陣子美國大量印鈔，實行零利率及量化寬鬆政策，也因此造成美國股價指數持續飆升。原本這些美元會流動至新興國家，卻因為新冠病毒（COVID-19）的特殊狀況，讓美元留在美國國內，形成美國的差異化成長。假如新冠病毒（COVID-19）疫情結束，如此大量的美元穩定下來之後，美元匯率持續上升的「強勢」美元時代，將再次展開序幕。新興國家必須考量上調利率，也可能得面臨貨幣危機等困難。

全球幾乎都因為新冠病毒（COVID-19）而處於危機狀況之中，所有人都想要持有關鍵貨幣（Key Currency）——美元。就像「美元微笑理論（Dollar Smile）」提到的一樣，當所有經濟指標都不好的時候，美元就會笑出來。雖然現在我們的資金都湧向可以立刻觸動人心的股票和房地產，但是展望未來好幾年後的有錢人們則會選擇投資美元和黃金。2021 年 7 月，吉姆・羅傑斯（Jim Rogers）在採訪中警告世人泡沫崩潰的危機，並提出投資人應該投資自己確實了解的東西。同時他還表示，現在最需要擔心的就是資產價值將開始下

跌，文中也說他自己計畫購入更多的白銀。我們不要只把資產投入股票和房地產，即使是從分配的角度出發，也應該要同時關注儲蓄、債券、美元和黃金等各種不同的投資標的。

---

*譯註：1942 年生於美國阿拉巴馬州，曾與索羅斯（George Soros）共同創立量子基金，引起世界注目。曾準確預測 2008 年雷曼兄弟（Lehman）金融風暴的發生，是一名活躍的投資趨勢專家。（https://www.books.com.tw/products/0010870540）

我目前也在努力分配資產。比起想要立即獲利，我反而認為流動性過剩會造成實體貨幣的價值下跌，因此我更希望能從長遠角度出發，構建穩定的資產投資組合。雖然我現在還不知道自己是應該買下實體黃金放在漂亮的金庫裡保存，還是應該慢慢購入跟黃金相關的股票，不過我覺得至少黃金是我分配資產的選項之一。

實際上，很多個人投資者都選擇投資黃金和美元，也有人是用現金購買金條。另一方面，也可以在紐約證券交易所上市的衍生商品中選擇投資黃金。這個投資方法不需要持有實體黃金，而是投資跟黃金價格連動的上市指數基金（ETF）商品——GLD 之類的標的。黃金期貨不管怎麼說都是期貨，所以仍然要承擔其風險。如果各位覺得這種投資方法太困難，也可以選擇投資開採金礦的企業，大部分黃金行情和企業股價變化的趨勢都很相似。

就像這樣，如果可以告訴孩子在各式各樣的投資方法中有黃金、也有美元，相信孩子的視野就會變得更加寬闊。在這個學習用多元方式分配資產的過程中，孩子將會了解分散投資的意義，也會懂得「不要把雞蛋放在同一個籃子裡」。

---

*編註：2020 年 12 月 31 日以 1 美元兌換 28.508 元新台幣封關；2022 年 10 月以 1 美元兌換 31.92 元新台幣。

（深度學習）**應用多元金融教育的體驗項目**

　　這裡為所有關心子女金融教育的父母們，整理出國內各種經濟教育的活動。從方便親子一起造訪的博物館，到各個機構經營的線上、實體展覽，種類非常多元。其中，大家都熟知、經常使用的銀行所經營的兒童經濟教室，更是十分有用的教育資源。

博物館

- 臺灣股票博物館
  （https://www.stockmuseum.com.tw/）
- 臺灣博物館土銀展示館 （https://www.ntm.gov.tw/
  exhibitionlist_182_2169_1.html）
- 嶺東貨幣博物館（https://www.facebook.com/profile.
  php?id=100063968025504）
- 中央銀行券幣數位博物館
  （https://museum.cbc.gov.tw/collection/index）
- 臺灣證券期貨虛擬博物館
  （https://www.tsfvm.com.tw/web/index.aspx）

線上課程平台

- 兒童未來力商學院
  （https://kidfqcoach.com/）
- i 玩錢兒童財商教育平台

（https://www.richkid.com.tw/course）

- BCBS 布萊恩兒童商學院

  （https://bcbsfq.com/）

- 中國文化大學兒童理財營

  （https://www.sce.pccu.edu.tw/courses/3k85sample）

孩子認為信用卡是阿拉丁神燈

Q 老師，最近我的小孩把信用卡當成是阿拉丁神燈。我因為覺得現金使用起來很麻煩，所以一直以來主要都是刷信用卡，結果孩子以為只要有信用卡，就什麼都可以買。該怎麼辦呢？

A 對呀！我也經歷過同樣的事情。有一天我跟孩子說媽媽沒辦法買玩具的時候，我小女兒就說：「那媽媽刷卡買不就行了嗎？」不管我再怎麼跟她解釋說：「刷了卡之後，媽媽的錢就會變少。」她都還是不相信。我也跟大兒子說過，「刷卡用掉的錢都是我們以後要償還的債務。」所以我每次刷卡的時候都很擔心孩子們會怎麼想，對於這方面該怎麼教育孩子我也思考了很久。

我找到的解決方法，就是在孩子們面前增加現金和金融卡的使用機會。在使用完金融卡後，我會把通知扣款的簡訊拿給孩子們看，讓他們親眼確認餘額減少。我這麼做之後，小女兒才透過這件事開始理解金融卡的概念。當然，如果有打折優惠的信用卡我還是會繼續使用。我減少使用信用卡，增加了使用現金和金融卡的頻率，神奇的是，我反而存了更多的錢。

或許有些家長會選擇把信用卡直接交給孩子，讓他們自己解決

交通費和餐費的問題。如果你也這麼做，建議先改掉這個習慣。因為這樣相當於是先教孩子學會賒帳。一不小心，孩子可能就會落入認為信用卡可以取之不盡、用之不竭的風險；而造成如此的原因正式由於孩子用的是父母的信用卡，所以他們不需要由自己親自償還這筆錢。事實上，連大人使用信用卡的時候也會很難節制，因為就算目前擁有的錢還不夠買自己想要的東西，也可以用信用卡分期付款的方式買下來，很容易就會陷入分期付款的誘惑。

要告訴孩子，買東西的當下就需要立刻付錢。交通費可以幫孩子購買學生悠遊卡或，在每個當下儲值使用，餐費則可以引導孩子使用金融卡。

雖然使用現金是最好的方法，不過因為有遺失的風險，近來學校也勸家長不要讓孩子隨身攜帶現金。而且，至少當金融卡餘額不足的時候，會發出「嗶！餘額不足」的警示音，這麼一來孩子就能在支出時一邊確認餘額，藉此學習到正確的金融態度和理財素養。

讓孩子受用終身的理財必修課！

零用錢記帳
學習存摺

IDEA

IDEA

結語

我不希望孩子繼承我的窮酸

　　我現在回想以前的日子，我們家算是滿窮的。國小的時候，我們家住的房子位在市場中心的商圈裡，是一個稍微比十坪大一點點的小店面。我爸爸在那個小空間裡敲敲打打，隔出了一個房間，還裝設了一個廚房。雖然我們把家裡的生活用品和拿來賣的東西各自分開整理，但來的客人看到的時候應該還是不太清楚這裡到底是住家還是店面。隔出來的小房間裡塞了一個螺鈿*衣櫃、一個化妝台、和一個櫃櫥，讓人覺得更加擁擠；而我們一家四口都一起睡在這狹窄的空間裡。一直到我長大成人之後，我才突然意識到我的父母睡覺時幾乎從來沒有把雙腳伸直過。

　　隨著時間的流逝，我和哥哥稍微長大一點，爸爸又幫我們再隔了一個房間。在這個新房間裡擺了一張書桌，和一個不知道原本是什麼東西的書架。

原本是把小餐桌打開來念書、後來可以在書桌上念書，我從來沒有那麼開心過，大概就是從那時候開始喜歡上念書的吧！早上父母把鐵捲門拉開就是一家店面，到了晚上拉下鐵捲門就變成了我們家。每天店面關門時，我都會拿著拖把幫忙打掃。我在那個不像房間的房間裡邀請好朋友來玩，還一起開了生日派對，現在想起來，我還算是一個非常樂觀的孩子。

不過，在一個沒有廁所而是要使用公共洗手間的地方養育兩個孩子，父母的心情又會是如何呢？想來，生活在這樣的環境下還要懷抱希望並不是一件容易的事。也許我和哥哥就是爸爸媽媽唯一的希望吧！

我爸媽總是對我們說：「你們不要擔心錢的事，只要努力念書就好。」當我們努力念書的時候，父母就會覺得幸福，我也會感到開心而一直念書。當時的我不知道為了把書念好付出了多少努力，在國小六年級一整年寫完的評量本，全部堆起來可能有五大袋的米那麼重。我就這樣不斷地念書，後來在全校一千八百名左右的學生裡，第一次考試就獲得了全校第十二名。那個時候我才知道自己某種程度來說算是會念書的孩子，也知道該怎麼念書。

後來我便一直念下去。就連父親因為中風造成左半身癱瘓的時候、還有他發生交通事故在醫院待了三年的期間，我也只是不停地埋頭苦讀。因為除了念書以外，我就沒有別的事可以做了。然而即使我那麼努力念書，家裡的情況也依然沒有好轉。明明小時候學到的是「只要好好念書，全家人就能變得幸福」，但實際上卻不是單憑努力念書就能讓全家人過上好日子。

所以我開始學習跟錢有關的部分。如果想守護我們的孩子、如果我們夫妻兩個人想要在睡覺時可以把兩腳伸直、如果想要好好奉養父母，就需要錢。非常迫切地需要錢。

現在也跟先生說：「我們做到這種程度的話，可以算是成功了吧？」以前我們一個人住在商圈裡的小店面、一個人住在鄉下的土房子，兩人相遇之後能夠實現現在這樣的生活，真的很了不起。總是必須有人切斷極度貧困的循環，而我能做到這點不知道有多開心。為了孩子們著想，我也開始讓他們學習錢的知識，能夠有機會好好教導孩子真的是件很幸運的事。

我看到那些因為新冠病毒（COVID-19）而面臨經濟困難的自營作業者，他們的嘆息和眼淚令人心痛。因為這些人不僅是我小時候的市場鄰居，也是我那在店裡茫然等著客人上門的媽媽。

我聽到很多人都說：「為了維持當下的生計都快忙不過來了，哪還有什麼時間學習理財、還有什麼時間享受文化藝術的生活？」正是因為這樣，促使我寫下了這本書。我學習理財後發現，那些別人眼中的有錢人反而更努力地學習。他們為了積累更多的財富和名譽而努力，為了不在變化劇烈的社會裡失去所有而努力。可是為了維生而奔波、最需要學習金錢知識的老百姓卻不學習。

　　照這樣下去，不僅僅是資訊的差距，連貧富差距也會進一步拉大。我不希望看見以前市場鄰居們沒落的樣子；也我不希望看見我學生的爸爸媽媽感到崩潰。即使我們的孩子不是成為數一數二的頂尖人物，我也想看見他們在自己所屬的位置上努力生活，不至於失去希望。唯有如此，孩子們的未來才會明亮燦爛。

　　為了我們的孩子，經濟教育是一定要進行的，也別想得太過困難。**第一步先從幫孩子進行零用錢教育開始**，再一點一點地告訴孩子家裡實際的經濟狀況。並適度引導孩子，即使**金額再小也還是可以分配到儲蓄、消費、投資、捐贈**等不同用途上。與此同時，也陪伴孩子循序漸進地慢慢**投資股票**，栽培出孩子觀察企業的眼光，透過**教學讓孩子知道世界上有各式各樣的職業和資產管理方法**。

　　希望大家都能教導孩子正確的投資方法及資產管理方

法，避免孩子因為急於解決眼前的狀況，病急亂投醫選擇投資不確定性過大、像比特幣之類的商品。

為此，身為父母的我們要先了解這個世界是如何運作的，而且也要堅定地守住我們的主見。否則，孩子看到我們動搖不定的樣子也會跟著不知所措。讓我們用堅定不移的心守護孩子吧！而且，正如前面內容所強調的那樣，在進行經濟教育的同時也必須建立起父母和子女之間穩定的關係。沒有任何一個小孩，會喜歡看到自己的父母賺了很多的錢，卻又吝嗇得可怕。希望我們每個人都能建立正確且合理的賺錢原因和價值觀，與孩子一同分享。

現在的我仍然衷心期盼，不要把我的貧窮傳承下去。

金 仙

參考資料

序文

1. 羅勃特・T・清崎 著，安貞煥（音譯） 譯，《富爸爸，窮爸爸》，minumin 出版，2018。
   中文版為《富爸爸，窮爸爸》，高寶 出版，2022。

Chapter 1

1. 朴海娜（音譯），〈「從六歲開始股票教育」金融圈也掀起了早期課外輔導熱潮〉，《Biz Hankook》，2021. 03. 12。https://www.bizhankook.com/bk/article/21534

2. 崔炯錫（音譯）、柳簫然（音譯），〈國高中生 65%不知道什麼是「零存整付、整存整付」〉，《朝鮮日報》，2021. 03. 22。https://www.chosun.com/economy/stock-finance/2021/03/22/LB5JP33FAZDELGLVKXONNKFCKU/

3. 瀚亞資產管理，〈韓國父母對子女經濟教育方法的洞察力〉。https://www.eastspringinvestments.co.kr/insights/money-parenting

4. 金融監督院金融教育中心。https://www.fss.or.kr/edu/notice/noticePoll2.jsp

5. John Lee 著，《John Lee 成為有錢人的習慣》，知識游牧者 出版，2020，p52。
    中文版為《財富是這樣養成的》，遠流，2021。
6. 《KOSTAT Statistical Plus》2021 年春季號，統計廳統計開發院
    http://kostat.go.kr/sri/srikor/srikor_pbl/4/index.board
7. 2020. 07. 31，更新版住宅租賃保護法指南，首爾特別市。
    https://news.seoul.go.kr/citybuild/archives/511154
8. 存款人保護對象，容易查找的生活法令資料 https://easylaw.
    go.kr/CSP/CnpClsMain.laf?popMenu=ov&csmSeq=579&ccfNo
    =4&cciNo=2&cnpClsNo=1
9. 2015 國家修訂版教育課程，教育部國家教育課程資訊中心。
    http://ncic.go.kr/mobile.revise.board.list.
    do?degreeCd=RVG01&boardNo=1001
10. 韓鎮守，〈2015 修訂版金融教育教育課程之分析與改善方案〉，《金融監督研究》，vol.5（2018），p49。

Chapter 2

1. 2018 兒童綜合實況調查，保健福祉部。http://www.mohw.
    go.kr/react/jb/sjb030301vw.jsp?PAR_MENU_ID=03&MENU_
    ID=032901&CONT_SEQ=350493&page=1
2. 朴正賢（音譯） 著，《13 歲，開始和我們孩子談論錢的時候》，Hansmedia 出版，2020。
3. 「【一日問卷調查】壓歲錢，多少才剛剛好？收到的國小學生 VS 給的大人」，校園趣，2021. 02. 10。http://naver.
    me/59jPMZ9A

Chapter 3

1. 左右兩張圖片皆出於：ⓒmarybettiniblank / Pixabay
2. 鄭恩吉（音譯），《女人的習慣》，Dasan Books，2013。
3. 韓國房地產院認購首頁。https://www.applyhome.co.kr/ar/ara/selectSubscrptIntroQualfView.do#cate1
4. 首爾新聞特別取材團隊（劉待勤、洪仁基、羅尚賢、尹妍貞/皆音譯），〈【獨家】「偷偷拿，媽媽也不知道」……奶奶的存摺成了家人的提款機〉，《首爾新聞》，2020. 10. 07。http://www.seoul.co.kr/news/newsView.php?id=20201008004001
5. 芭芭拉‧凱特爾－羅默（Barbara Kettl-Römer）著，李尚熙（音譯）譯，《國小一年級，開始經濟教育的年齡》，Casiopea 出版，2014。
6. 崔智善（音譯、法國通訊員），〈法國經濟（金融資訊理解能力）教育現狀〉，《教育政策網路資訊中心郵報國外教育動向》，338 號（2018）。
7. 行政安全部「我的家鄉通知」。https://www.laiis.go.kr/lips/mlo/lcl/localGiftList.do

Chapter 4

1. 金融監督院電子公告系統。http://dart.fss.or.kr/
2. 總統直屬第四次工業革命委員會。https://www.4th-ir.go.kr/
3. MBC《Dream Junior》。http://program.imbc.com/dream2018
4. 出路資訊就業網。https://www.career.go.kr/cnet/front/search/searchResultListNew.do?text=%EB%AF%B8%EB%9E%98%EC%A7%81%EC%97%85&tab=jobSjt&sub=guidebook&order=%24relevance

5. 2020 年國中小、高中課外輔導費用調查結果，統計廳。https://www.kostat.go.kr/portal/korea/kor_nw/1/7/1/index.board?bmode=read&bSeq=&aSeq=388533&pageNo=1&rowNum=10&navCount=10&currPg=&searchInfo=&sTarget=title&sTxt=

6. 金美京（音譯）著，《金美京的重新開始》，熊津知識之家 出版，2020。

7. 2015 國家修訂版教育課程，教育部國家教育課程資訊中心。http://ncic.go.kr/mobile.revise.board.list.do?degreeCd=RVG01&boardNo=1001

8. 金秀恩（音譯），〈韓日國小教育課程修訂之正式經濟教育內容變化研究〉，釜山教育大學，2019，p56。

9. 金秀恩（音譯），〈韓日國小教育課程修訂之正式經濟教育內容變化研究〉，釜山教育大學，2019，p48。

Chapter 5

1. Beautiful Store。http://www.beautifulstore.org/intro-donation

2. 黃允貞（音譯）著，《越丟越幸福》，入口 出版，2016。

3. GFOUNDATION。https://www.gfound.org/

4. 社團法人 Growmom。https://growmom.org/

5. 1365 捐款志工入口網站。https://www.nanumkorea.go.kr/main.do

6. Happy Bean。https://happybean。naver.com/

7. 1365 捐款志工入口網站。https://www.1365.go.kr/vols/main.do

8. EBS 知識頻道 e，〈巴基斯坦的孩子，伊克巴勒〉，2006. 05. 01。https://jisike.ebs.co.kr/jisike/vodReplayView?siteCd=JE&prodId=352&courseId=BP0PAPB0000000009&stepId=01BP0PAP

B0000000009&lectId=1177721#none

EBS 知識頻道 e，〈足球經濟學〉，2006. 07. 03。https://jisike.ebs.co.kr/jisike/vodReplayView?siteCd=JE&prodId=352&courseId=BP0PAPB0000000009&stepId=01BP0PAPB00000000 09&lectId=1177764#none

9. 全仁久（音譯）著，《經濟教育計畫》，Techville Education 出版，2019。

10. 卡羅爾・奧夫（Carol Off）著，裴炫（音譯）譯，《苦澀的巧克力（Bitter Chocolate）》，alma 出版，2011。
    徐善妍（音譯）著，《友善巧克力改變世界的故事》，書老師出版，2016。

11. 稅金學習室，兒童國稅廳。https://kids.nts.go.kr/kid/cm/cntnts/cntntsView.do?mi=7597&cntntsId=7056

Chapter 6

1. John Lee 著，《媽媽，幫我買股票！》，韓國經濟新聞 出版，2020。

2. 河彩林（音譯），〈一出生就含著「上億金湯匙」……新生兒贈與金額，平均 1.6 億韓圜〉，《聯合新聞》，2020. 09. 23。https://www.yna.co.kr/view/AKR20200922178400002

3. 金融監督院金融教育中心。www.fss.or.kr/edu/main.jsp

4. 韓國銀行經濟教育兒童經濟村。www.bokeducation.or.kr

5. 企劃財政部兒童經濟教室。kids.moef.go.kr

6. 兒童國稅廳。kids.nts.go.kr

7. 存款保險公社生活金融學院。https://edu.kdic.or.kr/main/main.do

8. 韓國交易所線上學院。academy.krx.co.kr/contents/ ACA/02/02010301/ACA02010301.jsp

9. 新韓銀行兒童網路銀行探險體驗。https://www.shinhan.com/ index.jsp

NTOE

NTOE

台灣廣廈 國際出版集團
Taiwan Mansion International Group

國家圖書館出版品預行編目（CIP）資料

讓孩子受用終身的理財必修課：爸媽愈早知道就愈能教出「會儲蓄、懂投資、有正確金錢觀」的小孩，從「零用錢管理」開始學「價值判斷」與「花錢選擇」，走在財富自由的捷徑上！/ 金仙作. -- 初版. -- 新北市：台灣廣廈, 2022.11
　面；　公分
ISBN 978-986-130-559-2（平裝）
1.CST: 親職教育 2.CST: 理財

528.2　　　　　　　　　　　　　　　　　　111014994

讓孩子受用終身的理財必修課
爸媽愈早知道就愈能教出「會儲蓄、懂投資、有正確金錢觀」的小孩，
從「零用錢管理」開始學「價值判斷」與「花錢選擇」，走在財富自由的捷徑上！

作　　者／金　仙　　　　編輯中心編輯長／張秀環・編輯／陳宜鈴
翻　　譯／彭翊鈞　　　　封面設計／何偉凱・內頁排版／菩薩蠻數位文化有限公司
　　　　　　　　　　　　製版・印刷・裝訂／皇甫彩藝印刷有限公司・秉成

行企研發中心總監／陳冠蒨　　　線上學習中心總監／陳冠蒨
媒體公關組／陳柔彣　　　　　　產品企製組／黃雅鈴
綜合業務組／何欣穎

發　行　人／江媛珍
法律顧問／第一國際法律事務所 余淑杏律師・北辰著作權事務所 蕭雄淋律師
出　　版／台灣廣廈
發　　行／台灣廣廈有聲圖書有限公司
　　　　　地址：新北市235中和區中山路二段359巷7號2樓
　　　　　電話：（886）2-2225-5777・傳真：（886）2-2225-8052

代理印務・全球總經銷／知遠文化事業有限公司
　　　　　地址：新北市222深坑區北深路三段155巷25號5樓
　　　　　電話：（886）2-2664-8800・傳真：（886）2-2664-8801
郵政劃撥／劃撥帳號：18836722
　　　　　劃撥戶名：知遠文化事業有限公司（※單次購書金額未達1000元，請另付70元郵資。）

■ 出版日期：2022年11月
ISBN：978-986-130-559-2　　　版權所有，未經同意不得重製、轉載、翻印。